青春扬帆，梦想起航："互联网＋"时代 大学生就业创业典型案例集

欧阳倩兰　主编

Wuhan University Press
武汉大学出版社

图书在版编目（CIP）数据

青春扬帆，梦想起航："互联网+"时代大学生就业创业典型案例集／
欧阳倩兰主编． —— 武汉：武汉大学出版社，2023.3
ISBN 978-7-307-23547-2

Ⅰ.青… Ⅱ.欧… Ⅲ.大学生－职业选择－案例 Ⅳ.G647.38

中国国家版本馆CIP数据核字（2023）第016087号

责任编辑：周媛媛 冯红彩 责任校对：牟 丹 版式设计：文豪设计

出版发行：**武汉大学出版社** （430072 武昌 珞珈山）
（电子邮箱：cbs22@whu.edu.cn 网址：www.wdp.com.cn）
印刷：三河市京兰印务有限公司
开本：710×1000 1/16 印张：16.75 字数：300千字
版次：2023年3月第1版 2023年3月第1次印刷
ISBN 978-7-307-23547-2 定价：78.00元

前　言

　　青年是整个社会中最积极、最有生气的力量，国家的希望在青年，民族的未来在青年。习近平总书记把青年视作民族复兴中不可或缺的先锋力量，激励广大青年担当起党和人民赋予的历史重任。

　　大学是青年价值观形成和确立的关键时期，是一个人成长、成才的关键过程，华南农业大学始终高度重视青年大学生的思想政治教育与综合素质培养，教育学生把爱国之情、报国之志融入祖国改革发展的伟大事业之中，引导学生到祖国最需要的地方建功立业，在新时代新征程上创造属于这代人的历史功绩。每年的毕业季，华南农业大学都有一批又一批的大学生在人生的十字路口响应国家号召，做出毅然的选择，他们或奔赴基层默默耕耘，或敢为人先创新创业，或背井离乡应征入伍。他们的选择让人敬佩，他们的事迹值得宣传。

　　2022年是中国共青团成立100周年。为了激励广大青年勇担使命、坚定奋斗，在为国家、为人民的奉献中焕发青春年华绚丽光彩，本书精心挑选了42个华南农业大学大学生在基层就业、创新创业和应征入伍的故事，汇编成案例集。希望通过本书的出版，青年大学生能够从他们身上汲取正能量，成为改变世界的中国力量！

编　者

2022 年 3 月 2 日

目　录
Contents

基层就业

创新创业

应征入伍

基层就业

张洁佳：走进西藏，书写不一样的人生

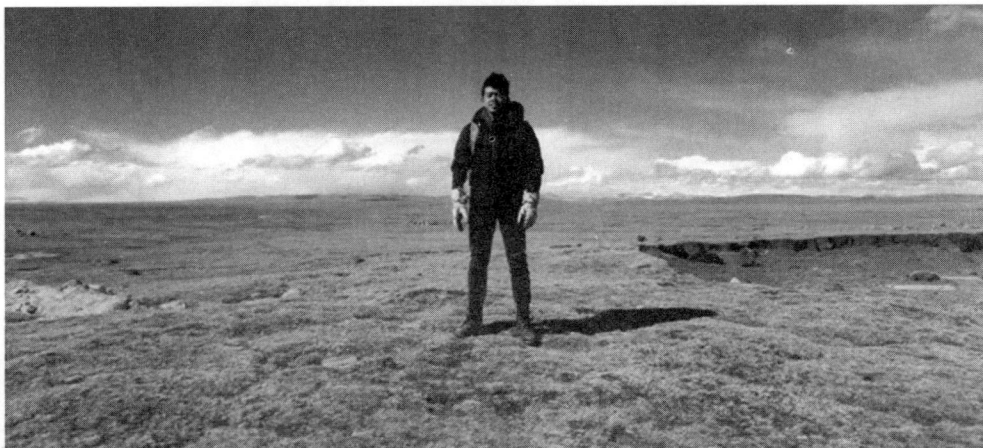

张洁佳

> **个人简介**：张洁佳，中共党员，2017 年 6 月毕业于华南农业大学工程学院车辆工程专业，在校期间在德智体美等方面表现优秀，曾任班级生活委员、新生助理班主任、学生党支部副书记等职。2017 年 8 月赴藏参加工作，是西藏自治区林芝市工布江达县金达镇一名公务员，曾负责党政、农牧、林业、环保、水利、后勤等工作，2018 年 5 月开始驻村，2019 年 1 月担任金达镇金达村第一书记，2018 年被评为工布江达县林业优秀干事；2019 年被评为工布江达县优秀公务员。

金达，我人生的交叉口

金达，山峰间的沟口，这是西藏一个基层乡镇的名字。它不仅是山峰的交叉口，也是我人生的交叉口。当舍友、同学纷纷走向车企的时候，我选择了远方——一个经济不发达、交通不便利的地方，正因为那里需要新鲜血液的涌入，于是我毅然决然做下了奔赴远方的选择。

2017年8月入藏以来，这里便成了我的家。在这里，我看过群众生活的困难，见证了生活环境的变化，感受到国家发展给边远地区带来的改变。

回顾赴藏以来的经历，点点滴滴，犹如昨日之事。很庆幸，当初的我，做了这样的选择，并且一路坚定信念，追寻梦想。

愿做一个孤独的行者，在青春留下专属印记

环滁皆山，林壑尤美，蔚然深秀，水声潺潺，这是三年前那个地方留给我的印象。那片神奇的大地是那样的秀丽，那里的人们脸上总带着笑容，那里的小牛犊可以奔跑得那么飘逸俊美。

五月的一天，天空下着雨，撑着雨伞走出教室的那一刻，我就决定，要到那个地方去。于是报名参加了专招计划，经过了面试，通过了体检，成为一名西藏干部。

在身边的人看来，进藏工作是一件不可思议的事情，从一个GDP第一的省份到一个GDP倒数第一的省份工作，那会吃多少苦，经历多少磨砺？对于绝大部分人来讲，人生的规划里没有这一选项。

年少的我，不愿意做亦步亦趋的追随者，本着要让人生留下点不一样印记的念头，我选择了做一名孤独的行者，走进西藏的乡镇一级，书写不一样的人生经历。这是当时的我树立的信念，也是现在的我奋斗的目标。

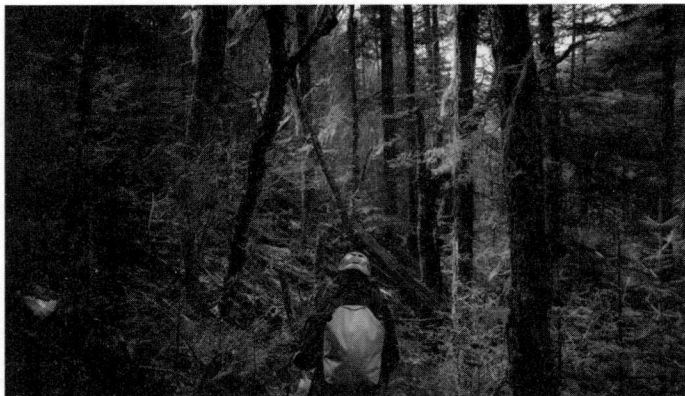

面对现实的挑战，勇敢地接受并战胜它

尼采说，当你经过七重的孤独，才能够成为真正的强者，我们的世界也由此而生。

而我，正在成为强者的道路上，历经孤独与挑战。

买家秀与卖家秀往往显得极其不同。分配到镇里的时候，我明显地感受到这片神奇大地的落后与封闭。这里没有偌大的城市图书馆，没有悠闲的咖啡厅，仅有横竖两条街住着的一百多户人家，乡镇与乡镇之间隔着几十公里。环绕的山峰不林壑也不优美，过高的海拔使得自己不得不放弃喜欢的体育运动。

冬季的金达，呼啸的西风吹冻了溜口，留下一串串长长的冰凌。每天仅有中午时段适合挑水上楼，储存一大桶够用一周。工作上，农牧、林业、水利、环保、扶贫一样样接踵而至，加班成了家常便饭。有时下了村回来，天都黑成深蓝色了，我的脸则黑成了深红色。

面对买家秀般的生活与工作，我多少次告诉自己，要用自己的行动，去创造新的面貌。我愿做一滴朝露，滋养大地，焕发光彩。工作再多，分清了理顺了，一样一样总能完成；生活再艰苦，想想法子，总有解决的办法。

在领导们的带领下，在同事们的共同努力下，一笔笔资金申请了下来，一个个项目承办了起来，群众不满意的地方我们积极调解，生活环境不如意的地方我们变着法子创造条件。现在的金达，办公楼修缮了，会议室亮堂了，门口的318国道翻了新，小集镇低矮破陋的房屋旁建了新的，干部家里冬季有了水，篮球场、足球场、小书吧也都建立了起来，整个生活与工作环境都变了样子。

不仅仅是集镇有着翻天覆地的变化，各个村的变化也不小。在参加工作的第九个月，我成为一名驻村队员，后来还担任了第一书记。驻村期间，我亲眼见证了人居环境整治的实施，平整宽阔的乡村公路通了车，村子里组建起糌粑加工、藏餐馆等合作社，老百姓的钱包也越来越鼓。

亲眼见证身边的变化，内心自然而然升起一股自豪感来。如果你问我，重新选择一遍，是否还会来到这里。我的回答是，不管去哪里，我还是愿意做那滴露珠，让青春滋润大地，在阳光下焕发光彩，做时代发展的见证者和参与者。如果现实不允许，那就努力创造现实，勇敢面对挑战，成为强者。

哪里有需要，就往哪里去

每年的 5 月至 7 月，是金达群众上山采挖虫草的时段，在这期间，镇政府会安排干部前往设卡点值班。2018 年的虫草采挖期，我主动申请上山设卡，去尝试另一项陌生的工作。

卡点设在海拔四千多米的地方，没有通信信号，用电需要使用发电机，5 月的夜里气温能降到零下 10 摄氏度。即使是第一次面对这样的生活环境，我也没有丝毫畏惧，一心想着配合同事开展好采挖点督导、宣传等工作。不管干什么工作，都要尽职尽责，这是高中老师教会我的，哪怕只是当个"守门人"，也要努力做到最好。

从卡点撤回之后，因为有同事调离了乡镇，其所驻的村庄缺少了驻村队员，于是我被派驻到村里开展工作。

文化的差异、语言的不通，无疑给我带来巨大的挑战。那个时候，我想到新生班培训时老师说的话：越是到艰苦的地方，越要积极主动融入集体。

于是，在我们队长带领下，我积极主动做好走村入户调研工作，了解群众生活所需，及时帮助群众解决生产生活中存在的困难。驻村期间，为贫困群众申请到维修房屋的资金，协助调处与隔壁村庄因草场产生的纠纷，协助申请菜籽油加工厂项目建设资金。

这一段驻村经历，让我对基层干部有了新的认识，基层基层，便是要为群众谋福利、解问题、搞发展。

再后来，新一轮的驻村工作调整，组织又一次给我压上了担子，我成为另一个村的驻村队员，同时也是党支部第一书记。或许一个人的成长，就在他需要独当一面的时候。面对全新的驻村环境，亦是主动融入，做好调研，想群众之所想，解群众之所难。

后来因为镇政府工作需要，我被抽调回集镇上班，干起了接文送件、草拟文章、后勤接待、精准扶贫等工作，同时还兼顾驻村的部分工作。我跟自己说，这是天将降大任于是人也，既然有需要，那就让我去吧。面对接踵而至的工作，熟悉它，做好它。

俗话说，基层干部像块砖，哪里需要往哪搬。既然远离家乡，奔赴远方来工作，总得给自己留下点什么。好好工作，便是在给自己的人生留下宝贵的财富。组织有需要，我们上；国家有召唤，我们义无反顾。追寻梦想，青春无悔。

写在最后

每一个行业，每一项工作，都有着时代的勇者在奋斗，这些勇者筑起我们强大的国家，我也一直在朝勇者的目标努力。但其实，说到底，我仅仅只是一个边远乡镇的基层公务员，一颗小小的螺丝钉，放于中国大地，是那么微不足道。但是我坚信，再小的螺丝钉，也能创造出不一样的人生经历。

西部大开发战略已走过打基础的十年，对于西部发展来讲，现在是快速发展、全面推进的十年，这里需要大批人才，需要先进的科学技术与管理模式。我很庆幸，带着所学的技能，参与到国家的大战略当中来，成为时代发展的见证者和参与者。

下面我想说，如果你恰好看到这篇文章，恰好也有扎根基层、奉献基层的梦想和决心，那就请勇敢地报名吧，你将会收获别样的生活经历。

邱德文：愿日后回首时，仍记得来时模样

邱德文

个人简介：邱德文，中共党员，华南农业大学人文与法学学院2018届毕业生。在校期间表现优异，连续三年获得国家励志奖学金及校级二等奖学金，大四时获得校级一等奖学金及"三好学生标兵"荣誉称号。现任西藏自治区林芝市巴宜区林芝镇康扎村驻村第一书记、驻村工作队副队长，曾被区网信办推荐参加自治区级网评活动。历任市委党校公务员培训班临时党支部宣传委员、巴宜区委宣传部干部、林芝镇人民政府综治武装干事、广东省第九批援藏工作队综合组秘书等职务。在职期间，以全心全意为人民服务的姿态和实际行动充分贯彻了入党誓词。

　　邱德文，现任西藏自治区林芝市巴宜区林芝镇康扎村驻村第一书记、驻村工作队副队长。进藏两年，岗位调动频繁，得到多次历练。个人在进入西藏自治区林芝市两年多的时间里，先后获得了巴宜区庆祝改革开放40周年"美丽巴宜·幸福巴宜"书法绘画摄影作品比赛二等奖、巴宜区"弘扬爱国奋斗精神·建功立业新时代"演讲比赛优秀奖、林芝市围棋协会2019年度"优秀会员"等荣誉。在实际工作中，始终保持积极进取、不计得失的良好精神状态，做到实干苦干、先

人后己。以坚定的信念，无私的情怀践行了习近平新时代中国特色社会主义思想，充分展现了当代基层干部的高尚追求和良好形象。

"或许是凑巧吧，缘分这东西说起来真是妙不可言。我是 2018 年 7 月 25 日那天到达林芝市的，而李克强总理也是那天到了林芝市米林县羌纳乡嘎门巴村进行考察。说实话，我之所以先后放弃广东的国企、央企等就业机会，而选择了西藏林芝市的专项计划，很大的原因正是那一点书生愿望——为国家的全面小康事业做贡献。"2020 年，我们国家要全面建成小康社会、实现第一个百年奋斗目标。而西藏这边，则有全国最大的集中连片特困地区，实现全面脱贫，这边不仅需要物力、财力，还需要庞大的人力。而邱德文同学正是希望自己能够成为那庞大人力中的一员，为国家的伟大事业添砖加瓦。

2018 年 7 月，邱德文到达林芝市，在林芝市委党校进行了为期一个月的公务员培训，培训期间，担任班级党支部的宣传委员。他自己创建了一个公众号，用微信公众号记录了学员生活的点滴。按他的说法，是"愿日后回首时，仍记得来时模样"。2018 年 8 月到 11 月，在区委宣传部跟班学习时，邱德文感触最深的就是"一方有难，八方支援"这件事。那是在林芝市的一个偏远地方，猝不及防地暴发了山洪，于是，区里面动员所有的干部职工进行募捐。一个同事，身上只剩下 300 元，却拿出 200 元捐给了那个受灾的地方。大概，为他人着想的心，时常都在体现着。受到感染，邱德文也将自己身上的大部分钱捐了出来，并主动进行了抗灾第一线志愿者报名。那时候，他刚到林芝市没多久，就业报到表没来得及跟过去，所以已经很长时间没有发工资了。尽管如此，他还是将自己所余不多的钱捐了出来。都说，"与善人居，如入芝兰之室，久而不闻其香"，他是被在那里工作的同事深深地影响了。

刚刚接触综治和武装工作的时候，因为是业务部门，所以会经常跟老百姓有交流，可是他并不会民族语言，因此时常会感到有些尴尬。为了克服这个问题，他主动向身边的民族同事请教，经过一段时间的练习，终于能够和群众进行简单的交流，处理一些事情。随着工作的开展，他接触的东西越来越多，因为积极的工作态度，领导和同事们都能够与他进行良好的互动。在2019年3月8日，他被巴宜区网信办推荐去参加了自治区党委网信办举办的"开展'60年'·我见证民主改革第一村——山南市克松村网评实践活动"。他说，很幸运，这是他第一次参加自治区级实践活动，对大家给予的机会表示感谢，今后将更努力地工作。

邱德文在参加援藏工作

再后来，他回到林芝镇工作；一段时间之后，便到广东省援藏工作队跟班学习。在这半年时间里，认识了许多援藏的同志，也知道了广东省是如何对林芝市进行整体帮扶的。只要目的相同，大家总会相遇。

除此之外，在2019年11月回校作演讲的时候，邱德文同学还积极动员相熟的师弟师妹到林芝市工作。按他的说法就是，"既是为了林芝市的建设，也是为了能够多些人陪伴，少些寂寞"。相信，随着时间的推移和大家的努力，林芝市，这个广东对口援助的地市也获得更好的发展。

2019年，邱德文担任康扎村驻村第一书记、驻村工作队副队长，着力推动康扎村建设2300万的美丽乡村计划以及1600万的康扎村接待中心项目，助力康扎村发展集体经济。

邱传洪：重新认识自己，迈向更精彩的人生

邱传洪

个人简介：邱传洪，2016 年 6 月毕业于华南农业大学园艺学院，报名了西部计划志愿者，到西藏自治区那曲市环保局工作，前半年负责单位办公室的文件整理、传阅以及会议组织等工作；后半年下到基层驻村，负责所在村的大小事务，协调组织能力得到极大提升。

做志愿者期间，邱传洪锻炼出了吃苦耐劳的品质，在负责驻村队工作简报的过程中提升了公文写作能力。其驻村故事被那曲市强基办印成文件在全市机关单位传阅学习。

那曲"大约在冬季"

"如果有一个地方能让我活不下去，那我要去看看这个地方是怎么让我活不下去的……"在出发之前，邱传洪从未想过性格温和、外表有点文弱的自己会说出如此坚定决绝的话。

从华南农业大学园艺学院毕业后，邱传洪从考研大军中突围，顺利考上研究

生。在目标达成之后，一件更重要的事开始萦绕心头，他要响应国家的号召，到西部去，到更需要他的地方去。动之以情、晓之以理，他获得了家人的理解和支持，办理了研究生休学手续，并提交了大学生志愿服务西部计划服务西藏专项的申请书，此后一年，他将远离温暖湿润的广东，前往寒冷干燥、大风缺氧的西藏。

坐上火车去拉萨

广州火车站站前广场，"统一祖国，振兴中华"的红色标语在七月的骄阳下更显鲜艳，身着大红色文化衫的志愿者前后三排分站，笑容洋溢、青春无比。按下快门的瞬间，火车站大钟的指针形成一个164.5°的钝角，时间定格在2016年7月23日上午10时19分，这是接下来一年里邱传洪和广州的最后一张合影。

火车在爬上青藏铁路最高点——海拔5072米的唐古拉山垭口时，他经历了一次轻微的高原反应，而身边的志愿者朋友已经有两个需要医护人员的支援了。唐古拉山垭口一过，意味着正式进入西藏地界，也许经历一次高反，是每个踏入这片圣地的人必须克服的考验。

走出拉萨火车站，他呼吸着与家乡截然不同的、稀薄清冷的空气，心想："这还只是西藏的夏天，冬天该冷成什么样呢……"他的心里没有答案……

不要"西藏江南"，要"苦在那曲"

在正式分配前往服务地之前，志愿者们会在拉萨进行为期两周的封闭式培训，正是这次培训过程中的一句话，彻底改变了邱传洪接下来一年的生活。他的服务地从风光秀美的"西藏江南"林芝市，换成了海拔4500米、含氧量只有海平面58%、全年一百多天大风天气偶有暴风雪的那曲地区，那句改变他工作、生活轨迹的话就是"远在阿里，苦在那曲"。一般人听到这句话，大多心如止水、敬而远之，而他第一次听到这句话时却内心狂跳，因为他已经开始想象自己在苦寒之地——那曲的生活。

他回想自己参加志愿服务西部计划服务西藏专项的初衷，就是响应国家号召，到更需要自己的地方去，而最需要自己的地方，显然是条件艰苦的那曲，而不是"西藏江南"林芝。可自己是个雪都没见过的广东人，如何能在高寒缺氧的那曲生活下去呢，邱传洪陷入了沉思，一方面担心自己的身体适应不了恶劣的自然环境，更担心的是因此失去在西藏服务的机会。经过激烈的心理斗争，他决定不忘自己的初心，到最需要自己的地方去，他翻开带在身边的书的扉页，微微颤抖着写下一句话："如果有一个地方能让我活不下去，那我要看看这个地方是怎么让我活不下去的。"正是这样坚定的信念，支持着他一路上克服种种困难，圆满完成一年的服务期。

初到那曲，邱传洪被眼前的景象吓到，目之所及不见一棵树，因为长年的冻土让树木无法生长，道路被挖得坑洼不平，有点满目疮痍的感觉。他被分配到那曲地区环境保护局，在办公室负责单位文件收发、整理、传阅以及会议组织等工作。这些工作虽然都很基础，难度不大，但是再简单的工作也能做出个三六九等的区别。他细心地记录每位领导需要外出参加的会议并确保每次提前通知到位，把接收到的文件细致分类整理到文件收纳柜中，给不同领导和科室负责人的文件使用不同颜色的文件夹，每天勤快地在单位办公楼各楼层奔波，将待办的文件在各领导办公室和科室之间及时传阅，单位没有电梯，每天频繁地上下爬楼梯，缺氧的环境让他经常气喘吁吁。

邱传洪跟同事合住在单位的宿舍里，宿舍没有通上下水，他每天下班后都会提两个水桶到单位院子的水井打水提上楼，上洗手间也只能下楼到院子里的旱厕，晚上顶着寒风也得下楼。因为没有上下水，衣服也得拿到井边手洗，环保局的同事因为怕冷一般一个星期只洗一次澡，洗一次衣服，作为南方人的他却坚持每天用热水壶烧水洗澡，然后到井边把衣服手洗干净，经常洗到一半发现脸盆里的水开始结冰，每次洗衣服手都冻得通红。他工作上的细心负责和生活上的自律，单位领导和同事都看在眼里，经常半开玩笑半认真地说："小邱要不就别回去读书了，直接留在我们单位吧，回去读书也行，不过毕业了要再回来我们单位啊……"

基层才是自己的归属地

年底,那曲地区环保局在索县江达乡三个村子的驻村工作队要进行人员轮换,邱传洪又一次心动了,他依然秉持到更艰苦的地方去,到更需要自己的地方去这一初心,毅然决然地向单位领导提交了驻村申请。虽然只是一名志愿者,但是单位领导还是对他十分器重,希望他留在办公室,而他却渴望到真正的基层服务,为最基层的藏族百姓服务,最终单位同意了他的驻村申请。

2016 年 12 月 18 日清晨,邱传洪告别同事,经过近 10 个小时的车程,在 4 个小时的盘山土路颠簸之后,终于到达驻村点——索县江达乡达亥村。由于驻村队的两位同事都是女性,邱传洪把有炉子取暖的房间留给同事,自己一个人睡在没有取暖设备的会议室,一条棉被和两条毛毯抵挡不住寒流的侵袭,他在半夜时常被冻醒。而更让他难以入眠的,是一个让人不安的因素——西藏棕熊,乡里每年都有棕熊捕食牛羊甚至伤人的事件发生。同事安慰他说,如果棕熊出没,外面的狗会叫的,结果第一天晚上外面的狗叫声就不曾间断,他彻夜难眠。

邱传洪在村里的主要工作是负责本村日常事务的开展落实,领导村两委班子将上级会议精神传达给村民,组织村民开会,走访慰问贫困户,推动五保户易地搬迁,每周要撰写驻村简报,每月撰写驻村故事,等等。驻村工作内容繁杂,但每一件事都关系到村民的切身利益,因此他每一件事都不敢懈怠,保质保量地完成,每次去乡里开会,他都要坐村民的摩托走来回 3 小时的山路。作为全村唯一的汉族人,虽然跟村民有语言上的沟通障碍,不过邱传洪无论是工作还是生活上的作风,村民们都看在眼里,对这个远道而来的汉族小伙子,有了日渐加深的认同感,也都亲切地称呼他小邱。

虫草季过后是告别季

驻村 5 个月后,西藏迎来一年一度为期 40 天的虫草采挖季。在这 40 天里,邱传洪跟随村民上山,住在村民帮忙搭建的帐篷里,主要负责虫草采挖期间秩序的维持以及情况上报,每天都要在山峦间穿梭跋涉进行巡逻。虫草是村民们每年最重要的经济来源,所以必须确保采挖工作安全、平稳、有序进行。

山里的环境比村里更为艰苦，帐篷孤零零地驻扎在山谷中，走到最近的村民驻扎点也要半个小时，手机没有信号，有紧急事件也难以及时联系。他在帐篷里的地上铺一层烧火用的木材，然后铺上被褥作为临时的床，晚上睡觉如果碰上雨雪天气，雪水会从帐篷顶渗下来滴在脸上或者被子上，早晨可能被正在顶帐篷的牦牛惊醒。山上温度更低，即便是六月，也依然会下雪，有时人在半山腰巡山，天上就开始下雨雪，回到帐篷衣服已经湿透。没有网络，没有电视，没有手机信号，邱传洪在工作之余只能通过手机翻阅提前准备好的电子书，或者手抄明代宋濂的《送东阳马生序》自勉……

7 月，邱传洪结束驻村工作，村民们给他送上满怀感谢与祝福的哈达。回到单位，随即迎来西部计划服务到期的日子，环保局领导和同事在单位食堂的宴会厅举办了隆重的送别晚会，这是一年来他第一次走进这个宴会厅，而这一次，他是宴会的主角。

"用短短一年的时间，做一件终生难忘的事"，邱传洪做到了，他磨炼了心智，提升了工作能力，学会了为人处世的方法。临行前，邱传洪翻开书本的扉页，看着那句"如果有一个地方能让我活不下去，那我要去看看这个地方是怎么让我活不下去的"，脸上露出了笑容。那曲这个地方不仅没有让他活不下去，反而让他重新认识自己，迈向更精彩的人生。

穆芝仙：奔赴边疆，守护祖国的一草一木

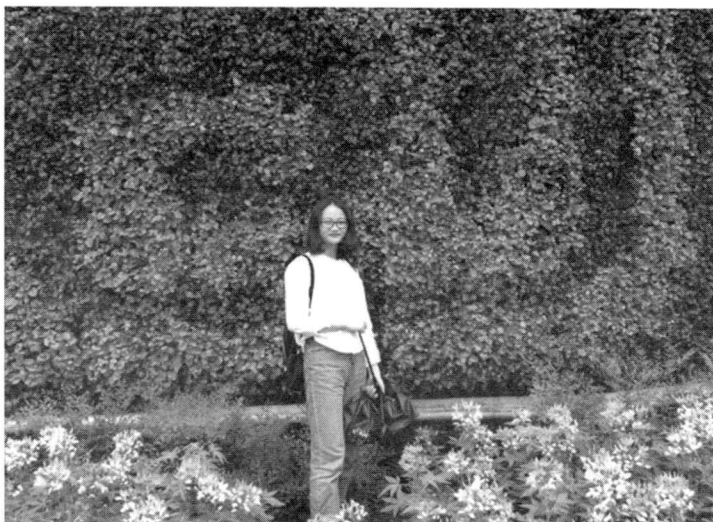

穆芝仙

个人简介： 穆芝仙，2018 年毕业于华南农业大学。2018 年 7 月于西藏自治区林芝市委党校参加公务员岗前培训，为期 1 个月；2018 年 8 月于工布江达县食品药品监管局跟班学习，为期 1 个月；2018 年 9 月至仲莎乡人民政府工作，2019 年 8 月被林芝市委组织部选派至林芝市农业农村局跟班学习，学习时长 6 个月。

让青春之花绽放在雪域高原

青春的美好在于努力地奋斗过、无私地奉献过、勇敢地追求过。在青春蓬勃的年纪，选择放弃优越便利的都市生活，放弃与父母团聚的机会，远赴边疆去看好祖国的一草一木，是一种别样的青春之旅。如下，华南农业大学 2018 届食品学院毕业生穆芝仙的青春热血都洒在了西藏林芝这片土地上。

角色重塑，破茧成蝶

2018 年 9 月 24 日，穆芝仙以林芝市基层专招大学生的身份被市委组织部分配到工布江达县仲莎乡人民政府工作。对于刚走出"象牙塔"的穆芝仙来说，初到以藏族为主的高海拔民族乡镇工作，不懂工作机制、不熟悉工作人员、不明白群众表达，送错文件、叫错领导、办错事情、写错讲稿、弄错地点等，工作与生活处处碰壁。曾有一阵子，困难、迷茫、无助充斥着她的内心，倍感理想与现实的差距，情绪一度非常低落。但是，坚韧顽强的她并没有向压力低头，她通过不断检讨反思做错的事情，虚心向领导、老干部学习请教，逐渐积累了工作经验；工作之余主动到茶馆、商店、村公共活动场所与藏族群众交流，逐渐混了脸熟、掌握了简单的生活用语。一年多来，她先后参与党建、宣传、扶贫、安全生产等业务工作，逐渐褪去学生的稚嫩模样进而转变为务实能干的干部角色。

一份不动产登记工作任务

2018 年 10 月 20 日，穆芝仙被乡党委派往县自然资源和规划局整理全乡 733 户农牧民房屋不动产登记工作。由于未参加县里的统一培训，对于刚接手这项工作的她来说，任务陌生且艰巨。从熟悉流程、核对资料、归档个户档案、整理装订到出档打印成册足足花了一周时间，工作才逐渐顺利起来，在此期间，每天早半小时上班、中午无午休、晚上加班成为常态，因长时间高强度工作导致她面容憔悴、精力不佳，但她从不向领导抱怨、不发牢骚，依然勤恳工作。她的直属领导洞察这一切，考虑到小姑娘一人挑起一个乡的工作确实很辛苦，于是向她所在的乡反映情况，乡主要领导听了县自然资源和规划局领导的建议后赞许穆芝仙同志的工作能力，同时派出 3 名干部到县自然资源和规划局帮助穆芝仙一同完成全乡房屋不动产登记工作任务。穆芝仙带领 3 名同事分工协作、边做边教、加班加点赶进度，仅用 42 天就完成全乡所有农牧民房屋不动产登记造册工作，她所在的乡成为全县第一个超额完成任务的乡镇，乡主要领导对她的工作成绩与工作表现给予了充分肯定。

一场"不忘初心、牢记使命"主题教育的锤炼

2019 年 8 月 13 日，穆芝仙被林芝市委组织部选派到市农业农村局跟班学习，

学习时长 6 个月。刚到市农业农村局报道的第一天，正好赶上第二批"不忘初心、牢记使命"主题教育的前期准备，局党委书记安排她从事协助负责全局"不忘初心、牢记使命"主题教育工作。怀着学习、锻炼的目的，她欣然接受了这一工作安排。在主题教育准备阶段，撰写方案、拟发言稿和主持词、筹办会议等任务接二连三，上班期间几乎没有个人休息的时间，加班成了家常便饭。主题教育正式开始后，不仅要个人学习，还要坚持同全局集体学习，写资料、对接各县区报表、帮办其他业务工作，"忙"成为学习期间的常态。鉴于她勤奋的工作表现和突出的工作能力，市农业农村局在她跟班学习结束时挽留她，希望她继续留在局里工作，但市委组织部有明确规定不能私自截留跟班学习人员，她选择了回原单位。在经历 6 个月的工作锻炼后，她的公文写作能力进一步提升，守初心、担使命的意识进一步强化，理想信念进一步坚定，扎根基层、建设美丽西藏的决心更加坚定。

难得的驻村经历

2019 年 1 月，穆芝仙被仲莎乡党委派往乡政府驻地仲莎村同县人大单位的人员一起驻村，2020 年 1 月，被仲莎乡党委派往那岗村驻村。至此，她成为第八、九批驻村工作队的亲身参与者。在驻村期间，作为队员的她，主要协助队内开展好驻村"七项任务"，特别是在那岗村驻村，一人担起了队内全年的文字材料工作，尤其是工作重中之重的脱贫攻坚和党建任务。2020 年是决胜全面建成小康社会的收官之年，巩固脱贫成效成为驻村的重点工作之一，入户调研、管理扶贫产业、填写户卡、更新系统等与扶贫相关的一系列工作，均有她的身影和她辛勤的付出。她总是忘我工作、履职尽责，从不抱怨，也从不气馁，在驻村队和村里获得大家的一致认可。

习近平总书记在勉励新时代青年的讲话中指出："青年一代有理想、有本领、有担当，国家就有前途，民族就有希望。"在西藏，像穆芝仙同志这样的基层干部数不胜数，他们时刻以习近平总书记的勉励鞭策自己，激励自己，为我国边疆发展、人民幸福、脱贫攻坚决胜全面建成小康社会，实现中华民族伟大复兴的中国梦燃烧青春，让青春之花在雪域高原绽放。

刘丽姗：青年有志在四方，美丽芳华献边疆

刘丽姗

个人简介：刘丽姗，女，汉族，出生于 1996 年 1 月，共青团员，广东梅州人。2018 年 6 月毕业于华南农业大学，参加西部计划成为新疆生产建设兵团第三师图木舒克市的一名志愿者，2018—2019 年服务于四十四团党建办，主要负责工会、妇联工作；2019—2020 年服务于四十四团幼儿园，担任支教老师。

努力学习，扎稳边疆基层

初到四十四团的时候，跟自己父母一样，团机关很多人对我提出疑问："一个从广东过来的娇小女生，真的能习惯这个地方吗？短暂的好奇心、新鲜感过去之后真的能在这个地方坚持下去吗？"我可以很坦诚地说，不习惯肯定会有，但放弃的念头从未有过。虽然四十四团位于西北边疆且在沙漠边缘，气候干燥，时常刮土，交通不便，但这对于我来说都不是问题，反而在我眼里，荒山戈壁都带了滤镜般的美丽，图木舒克市的绿化在慢慢地变好，冬天过去了就是美丽的春天，公交开始运行，火车站已经在建，一切都在变好，这里充满了生机与希望。

在短暂的新鲜感过去之后，工作生活中都遇到了前所未有的困难，由于刚接

触工会和妇联工作，加上对当地基层情况不够了解，经常遇到前来求助的群众而有深深的无力感，感觉并没有发挥自己的最大能力去帮助他们。为了使工作顺利开展，更好地做好服务工作，我始终把学习放在首要位置，把学习作为自我完善和提高的重要途径，不断加强自身理论的学习和专业素养的提升，努力开拓创新。不仅积极参加兵团、师、团场组织的各类学习培训，积极主动与其他团场进行沟通交流，学习其他团场、师的经验做法，还利用休息时间学习中国妇女十二大精神、《中国工会章程》、中国工会十七大精神等重要知识，不懂就问、不会就学，争取不落在同事后面，为做好妇女工作、困难职工的帮扶工作打牢政治基础和理论基础。

履职尽责，勇于担当作为

我所在的四十四团是一个以少数民族为主的农牧团场，团场少数民族妇女比例大，而且她们不懂法、不懂得维护自身权益、不清楚政府的各项政策，因此经常会出现有不会说汉语的少数民族妇女到办公室哭诉，例如被丈夫欺负、家里贫困生病不知如何解决等。刚开始，我也不知道该如何入手解决她们的困难，但通过几个月的观察、学习和向其他人请教经验，我学会了先安抚她们的情绪，再询问具体情况，根据实际情况普及贫困妇女两癌救助、单亲贫困母亲救助、生活救助、医疗救助、助学救助等相关政策，努力教她们依法维护自己的权益，鼓励当地的妇女们自信自立自强，学习汉语，走出家门，用劳动创造幸福。

被分到工会后，我负责困难职工的帮扶工作，工会每年都有中央专项帮扶资金、省级帮扶资金及其他帮扶资金等专项资金用于对困难职工进行帮扶，有独立的困难职工帮扶工作平台，每一户困难职工工作都要严格按照"精准识别、分类帮扶、一户一档、精准脱困、动态管理"的工作要求和规定程序，准确做好救助发放工作，为困难职工群众做实事、解难事，为做好精准扶贫、精准脱贫工作打牢基础。去年（编者注：2019年），五连有一户困难职工申请了生活救助，在发放救助金前，我通过电话向五连工会主席了解他们的情况，发现这名职工在申请救助金后找到了工作，有了固定的收入，家庭生活状况已经明显改善，而连队这时有另外一名职工家人重病，刚好需要这笔钱。在了解清楚各项具体情况后，我马上向师工会反映、进行沟通协调，收集这名职工的相关材料信息，及时建档，最后将这笔救助金发放到这名急需救助的职工手上。这让我真真切切地感受到能够帮助到别人是多么幸福的一件事情。

大胆尝试，无悔青春选择

在四十四团工作的这一年，了解到四十四团幼儿园有三千多名学生而教师却只有一百多人后，我便下定决心申请到四十四团幼儿园支教，终于在 2019 年 9 月，如愿成为一名支教老师，也担负起了更大的责任。支教听起来是让人向往和佩服的，大概每个人的心底都有一个支教梦，当我实现了这个梦，却发现这个梦是如此的有分量。支教生活是琐碎的、平凡的、忙碌的，对于非教育专业的人来说，支教是极具挑战性的，每一天甚至是吃饭睡觉的时候我都在想怎么上好每一节课，怎么让我们的孩子学到更多，怎么去让他们拥有更多对未来的选择而不是被选择。我们的每一个孩子都很可爱，夏天的时候他们经常会从家里带自己喜欢的花送给老师，冬天的时候他们经常会从家里带自己喜欢的红枣送给老师，他们是我见过的最纯真可爱的孩子，每一天我都希望能尽自己的努力让他们的未来也是最美好的、最幸福的。

回顾这两年，我只知道自己做了一件平凡但终生难忘的事情。虽然远离了美丽的故乡，但我在这里见到了更加广阔的世界，感受了荒漠、戈壁、大雪；虽然与父母朋友相隔五千多公里，但却在这里结识了来自五湖四海的朋友，认识了善良朴实的维吾尔族人民。我走出了舒适圈，在这里收获了更多美好的东西。从此，新疆便是我的第二故乡。

李小兰：用一年的时间，做一件影响一生的事

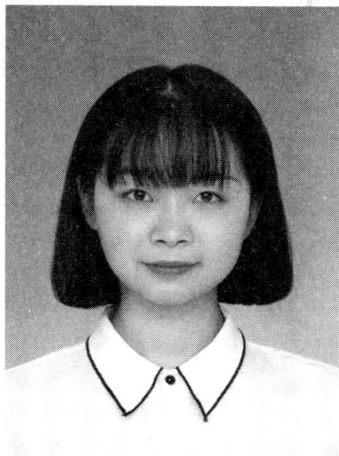

李小兰

个人简介：李小兰，2019年6月毕业于华南农业大学园艺学院。2019年4月报名参加广东省希望乡村教师计划，2019年9月，开始在服务地点——清远市英德市望埠镇文立小学支教，在校担任一年级班主任，教授一年级语文、音乐、道德与法治等科目；在2019年度镇教学设计、教学课件和微课作品评比中，荣获语文科教学课件二等奖，所制作的语文微课《小小的船》被评为三等奖；学生学期末比期中测试成绩平均分提高了17分。

支教之行，感悟人生之源

2019年4月，广东省希望乡村教师计划的宣传语——"用一年的时间，做一件影响一生的事"，这句话就像一根针扎入了即将毕业的我的心底。念念不忘，必有回响。紧接着，我义无反顾地去参加了招聘宣讲会，会上各位前辈的支教分享以及宣讲视频里孩子们纯真的眼神都深深地印入了我的脑海里，挥之不去，于是迷茫的前路开始清晰起来。

初下决心，自当坚定不移

越临近毕业，越在思考人生的意义到底是什么。是如长辈所言，女孩子就应该平平安安长大，然后找一个合适的人结婚生子，相夫教子；抑或如大众云，毕业之后找一个稳定点的工作，然后逐步完成个人终身大事，从此平稳过一生，平平淡淡才是真。如果这样的规划是无论如何也避免不了的，那么我希望在我按部就班前，可以去做一件自己觉得有意义的事情。

在这之前的学习生涯里我都没有完全理解学习的意义何在，但是始终害怕自己一生碌碌无为，却还安慰自己平凡可贵。于是在毕业后进入社会工作和做自己觉得有意义的事情之间，我选择了让我觉得自己的人生会更加有意义的支教生活，报名参加了广东省希望乡村教师计划招募，并且丝毫不觉为此所做的准备工作很烦琐，认真填写申请表，接着仔细地准备面试工作。

去到希望开始的地方，撒播种子

理想与现实总是相距甚远，却又给人无尽的希望与遐想，生活也总是不尽如人意，但又会出现许多出乎意料的惊喜。2019年9月，我正式成为一名支教老师，抱着想为乡村学校做点自己力所能及的贡献的心，和另一位支教老师谢老师带着光荣的使命，来到了我们的服务地点——清远市英德市望埠镇文立小学。

文立小学是一座村小，这里风景秀丽、民风淳朴，学生也都很有礼貌。由于自己没有大班教学经验，便想提前知道自己所教授的年级和科目，好提前做准备，但是直到上课前一天晚上才知道我被安排教一年级的语文，而且是一个有着52个可爱孩子的一年级。对我来说，这是一个很大的班集体。

我和谢老师都是新老师，学生也是新的小学生，毫无纪律可言。刚从幼儿园升上来的孩子，玩心还很重，上课一不留神就开小差去了。开学第一个星期，我们几乎都是两个老师一起上课，一个上课，一个负责盯纪律，等孩子们慢慢地有了课堂的意识之后我们便各自上课，偶尔盯一下，让他们不随意捣乱。

因材施教，认真灌溉祖国的花朵

亲其师，信其道。一有时间，我就会跟学生进行交流，了解他们的家庭情况和学生的内心世界，掌握每个学生的大致情况才能知道如何更好地引导他们爱上学习。

当我发现没有时间用来给学生们检查背诵时，我就利用课余时间拿着背诵记录表到学校里巡视，看到学生时就会先跟他们聊聊天，然后在聊天中抽查他们的背诵。校园里的氛围和教室里是不一样的，学生背诵不出来时就会教他或者让其他学生教一下，慢慢地他们就不再讨厌背书了，而是会互相帮助，一起练习背诵。

我们班有一个特别沉默、内向的女孩儿，课堂上很安静地发呆，下课从来都是自己一个人玩，她的父母甚至说她很抗拒学校、抗拒学习。为了让她融入班集体，每次见面我都会热情地跟她打招呼，虽然刚开始她不愿意跟我说话，但三四个月后，她开始主动靠近我，也尝试着跟班上个别女孩子一起玩。第一次看见她笑，是我跟其他孩子玩耍开玩笑时，她在我们面前终于不再把自己藏起来了，不再压抑自己的情绪了，想笑就笑。

通过这些举措，孩子们有事情时也愿意和我交流。当学生遇到问题会向老师寻求帮助时，这是对老师的肯定。

兴趣是最有用的老师

学期中段考时，课程刚刚结束，复习力度还不够，学生成绩很不理想。作为老师，心里还是很在意的，会怀疑自己工作做得不够好，于是考完之后重新拟订课堂计划以及复习计划，着重让学生多看多背多写去加强记忆。人都有惰性，何况是小孩子呢？班上有学习自觉性的学生可能只有四五个，大多数孩子是不会主动去学习的，只能从老师布置的作业中去巩固加强。

学期末复习时，吸取了上半学期的教训，学生注意力不集中时，我便会停下来拿出小贴纸等奖品奖励积极回答问题以及认真听课的孩子，于是期末考试时很多孩子的成绩有了明显提升，期末的考试成绩平均分比期中提高了 17 分。

青春易逝，初心不悔

经历了八九个月的教学，我已经了解了每个学生的性格，也慢慢知道该怎么去把握自己的课堂，以及上课的时候怎么去吸引更多学生的注意力。支教生活将在我的工作生涯中写下不平凡的一页，也极大地丰富了我的人生经历，更是我人生道路上浓墨重彩的一笔。有辛苦的付出，就有幸福的收获，我感受着支教赋予我生命的精彩，感受着孩子们的纯真与善良。

一年的时间很快就要过去了，在余下不多的支教时间里，我会继续努力，对成绩稍差的学生多一点关注，多引导他们找到正确的学习方法，爱上学习，以学习进步为阶，走得更高更远，立志长大后做国家的栋梁之材。

我也会好好珍惜这最后的与孩子们相处的时光，耐心地跟他们讲道理，让他们都勇于表达自己，做会思考、有想法、不懦弱的孩子，健康快乐地成长，成为德智体美劳全面发展的学生。

阮杰麟：让青春热血挥洒在西部山村

阮杰麟

个人简介：阮杰麟，男，中共党员，广东清远人。2017年6月毕业于华南农业大学材料与能源学院应用化学专业，2017年8月通过西藏自治区专项招收大学生计划进藏，任职于林芝市米林县卧龙镇人民政府。他吃苦耐劳、勤奋好学，对待工作认真负责、追求上进，具有较强的组织协调能力。2019—2020年担任米林县卧龙镇日村党支部第一书记，任职期间，他深入群众、刻苦担当，充分发挥和利用村里自然条件，不断调动村民积极性，协助村党支部成立了西藏林芝米林香味水果农民专业合作社，圆满完成了该村的脱贫攻坚任务。

不忘初心，勇担使命

阮杰麟是地道的广东人，来华南农业大学读书之前，他甚至都没有离开过清远。小时候，他只想通过勤奋和努力，尽快离开这个经济相对落后的地方，梦想着通过读书去创造一片人生的新天地。2013年9月，他以优异的成绩如愿考入华南农业大学材料与能源学院，攻读自己喜爱的应用化学专业。从小城市来到现代化的广州，一切都是那么新鲜和好奇，他暗自下定决心，好好学习争取留在珠三角工作。因此，他早出晚归勤奋学习，实验室和图书馆成了他常去的地方。暑假期间，他主动到海南省儋州市那大镇石屋村支教，给留守儿童讲解化学的奥妙，以精彩的实验过程把小孩的兴趣引进化学的殿堂。凭借优异的综合表现，他于 2015 年加入中国共产党。在党校学习期间，他如饥似渴地学习党的知识和理论，自己的人生和规划也就此发生改变——他要到西部去，到祖国最需要的地方去。2017 年 5 月，参加完学院组织的西部计划宣讲会后，他迫不及待地申请报名了西藏自治区专项招收大学生项目，并通过层层筛选，终于成为一名西藏自治区基层干部，幸运地分配至被誉为"雪域江南"的林芝。他十分珍惜这份工作，在2018 年的一次培训中观看了《第一书记》影片后，决定到最基层的乡村里为老百姓做更具体的事情，真正践行党的宗旨——为人民服务。在向组织申请并表达决心后，他被选派到卧龙镇日村担任党支部第一书记，协助村支部书记开展党建工作，从此开启了人生之中最重要的两年脱贫攻坚战时光。

阮杰麟来到日村调研和慰问

深入调研，了解民情

在成为日村第一书记后，阮杰麟深感肩上责任重大，毕竟选优派强，各单位都把得力干将派驻到最基层，协助上级开展好党建和脱贫攻坚工作。他深感自身能力不足，因此，刚到村里，便主动向日村上一任第一书记请教她三年来的村工作经验、村内建档立卡户情况及具体致贫原因，村里开展各项工作中遇到的最大阻力是什么等问题。越请教越恐慌，扶贫工作远远超过他的想象。心急的阮杰麟恨不得把上一任书记三年来的经历都仔仔细细地了解一遍。可惜时间太紧迫了，最终阮杰麟只能择重点进行咨询，剩下不懂的只能在自己的第一书记生涯里慢慢摸索。

一开始在乡镇工作时阮杰麟不能理解村民为什么事事都要驻村工作队帮忙，特别依赖工作队，来到村里，处理过各种大小事后，他逐步发现了里面的问题。一是村民的受教育水平太低，大多数是小学辍学，父母也不加以管教，老一辈如此，年轻一辈亦如此，周而复始；二是村民的思想观念还未转变，眼界太低，只看眼前的利益，总觉得让小孩去放牛、采挖虫草和松茸等名贵药材能改善家庭条件。村民是受制于各种因素，才导致事事都得依靠工作队才能开展。于是，他决定要用这两年多的时间帮助村民，通过抓实党建和打赢脱贫攻坚战等工作提高村干部和村民的综合能力。

阮杰麟到五保户格桑顿珠家中开展卫生大扫除

经过为期一个月的入户调查走访，他逐步摸清了本村情况：两个自然小组，49 户 199 人，60 岁以上的有 15 人，劳动力 89 人，学生 64 人，辍学生 2 人，建档立卡户 5 户 16 人，其他 13 人，人均年可支配收入 17679 元。日村地处米林县和朗县交界，日照时间长，紧邻雅鲁藏布江，多年来共种植了约 1000 亩水果，水果品质远近闻名，但由于管理和销售上都是各自管各自的，没有形成统一的模式，只能是平稳地赚点小钱。村里没有集体产业，平日里大多是为各自的事情忙碌，严重缺乏凝聚力。这对于一个村的发展是巨大阻力，也是日村在产业发展上还处于落后的主要原因。

凝聚民心，脱贫致富

为了把两个自然小组的民心凝聚起来，他和工作队、村干部开会研究，把本村优势列举出来，和大家集思广益，研究适合本村发展的村集体经济，以党建为抓手，以脱贫攻坚为方向，凝聚民心，打造一个有本村特色的产业发展之路。经过集思广益，他带领村干部组织村民成立了西藏林芝米林香味水果农民专业合作社，致力于发展日村水果产业，打造日村水果品牌，把日村水果在管理上提高一个档次。他组织村干部探索出"基地＋党员＋农户"的管理模式，以水果基地为抓实党建工作的平台，党员起引领作用，主动承担水果基地管理工作，学习修枝、嫁接、疏果等技术含量高的工作，然后把水果基地划分到各户进行管理，党员负责指导和监督农户开展工作，并且进行考核登记，年度进行奖评。经过一年的实施，日村村民在管理水果基地方面的积极性有了提高，水果品质也有了保障，来自高原和无污染的水果品牌在市场上也得到了推广。2020 年日村向外地销售苹果 2.5 吨，为今后打开市场打下良好基础。

阮杰麟向自治区组织部领导介绍"基地＋党员＋农户"的基地管理模式

阮杰麟向林芝市朗县乡村振兴专干介绍水果基地项目发展现状

为提高村干部、党员的综合能力素质，也考虑到村民平日里都要忙地里的农活，只在晚上有空闲时间，与工作队商量后，阮杰麟决定给本村干部和党员以及部分青年开办夜校。工作队四人分别负责擅长的内容，他则亲自教他们使用复印机、电脑简单操作等。夜校办了两期，来上课的学员都掌握了复印机、电脑的简单操作，能自行使用电脑登录微信进行文件打印，逐步减轻了对工作队的依赖。

2020 年是脱贫攻坚的收官之年，为了顺利完成第一书记的脱贫攻坚任务，他先利用大半个月的时间仔细研读村里脱贫攻坚的材料，认真了解各建档立卡户家中情况，包括家庭人口、致贫原因、劳动力、当前脱贫之路等重要内容，而且还邀请村支部书记带领入户进行深入访谈，查看建档立卡户家中现状，硬件设施有哪些需要加固，"等靠要"思想摆脱程度如何。通过入户访谈，他发现经过 3 年的脱贫攻坚工作的开展，该村的脱贫工作已经取得很大成效：建档立卡户 5 户 16 人，均在 2020 年如期实现脱贫，这 5 户里有穷达、尼拉姆 2 户通过自身努力，开商铺和外出务工等，年均可支配收入达到 5 万元以上，其他 3 户是靠政策性补贴、林下资源采集等作为主要的收入来源，偶尔打点零工补贴家用。为了提高这 3 户的收入，他与村干部商量，把这 3 户的劳动力选进村集体项目中工作，增加他们的家庭额外收入。比如：打理村集体的苹果基地，打扫村公厕等，每年户均能多增收 1 万元。通过多样式的扶贫，让扶贫不再是恩典，也让贫困人口逐步转变思想，积极努力工作，为改变家中条件付出更多的心血。

以苦为乐，挥洒青春

作为一个土生土长的广东人，阮杰麟来到日村，在饮食上很不习惯，这边喜好吃糌粑、风干牦牛肉和喝酥油茶，与他原来的生活习惯有太大差别。为了能密切联系群众，为了更好地与群众相处，他克服饮食上的差别，积极主动融入群众的生产生活中，与村民同吃同喝同劳动，让自己真正成为村里一分子。主动与村民一起定期打扫村内道路、村公房卫生。在村集体收割青稞时，他更是发挥了年轻的身体优势，把青稞一捆一捆地背到路边的卡车上，强烈的紫外线把脸和手臂都晒出了一层厚重的棕色。虽然干一天下来腰酸背痛，但与村民一同劳作，让他深感欣慰。在乘凉时，村民调侃道：你们看看我们的书记，只有语言上不是本地口音，饮食和肤色和我们都没区别，如同一个藏族小伙子。听到这话，阮杰麟心里满满的都是暖意，他深知自己也是村里的一员了。两年的第一书记生涯里，他和群众是共同成长的，他给群众带来了团结，带来了知识，带来了致富门路，同时，在那里，群众也教会他作为一名干部，如何与群众打交道，如何应对突发事件，如何提高自身能力素质。他时常想，对于老百姓来说，可能会感激他为村里做的一切，而在他眼里，却是要感谢那些在他驻村生涯里给予过他帮助和关怀的村民们，他们让他的内心充满阳光、让他的梦想变成现实。

阮杰麟在"七一"建党节带领日村党员在党旗下重温入党誓词

黄诗林：定义青春的色彩

黄诗林

> **个人简介**：黄诗林，男，汉族，出生于 1997 年 8 月，共青团员，华南农业大学生命科学学院生物科学专业（国家生物学理科基地班）2020 届毕业生，曾担任班级体育委员、心理委员、华农校男子篮球队队长。在校期间，曾荣获新生军训积极分子称号、校文体之星标兵奖、三等奖学金和二等奖学金各 1 次、广东省大学生篮球联赛（甲 A 组）冠军 2 次、CUBA 二级联赛全国第六名 1 次、全国总冠军 1 次。现以选调生身份工作于湛江市遂溪县医疗保障局。

定义自我青春色彩——懵懂

我们应该如何定义青春色彩？一百年前，革命先辈为探索救国救民道路而抛头颅洒热血是青春色彩，"为中华之崛起而读书"是青春色彩；四十多年前，改革开放中"实践是检验真理的唯一标准"是青春色彩，"时间就是金钱，效率就是生命"是青春色彩；当下，实现"上九天揽月，下五洋捉鳖"是青春色彩，为实现中华民族伟大复兴而奋斗是青春色彩。他们的青春基于家国情怀，那无私的奉献，更是青春中最绚烂的色彩，是那一抹可爱的中国红。

回想起来，本来以为高中的懵懂是青春色彩，后来以为大学的成熟是青春色彩，现在工作了才知道青春色彩是不断被定义的，每个人、每个时期都有自己的青春色彩，而我追求的青春是什么，它是何种色彩，而我终究又将成为怎样的人？时间给了最好的答案。

本科班级合照

定义自我青春色彩——奋斗

依稀记得高中毕业那年，我们有一个统一的名字——"好心高凉"，寓意希望我们能做一个有爱心、讲奉献的人。于是，上大学后，我初始设立的目标便是好好学习、多参加志愿者活动。但大一唯一的一次志愿者面试便让我尝试到了失败的滋味，那时充满了懵懂，不知所措，也为我的大学迷茫埋下了伏笔。我曾不断质疑我自己能做些什么，什么才是我想做的，也许那就是"谁的青春不迷茫"吧，我的青春在迷茫中失去了色彩。为了对抗大一、大二两年的迷茫，我只好让自己忙碌起来，直到参加球队的第一次努力训练，我才意识到了自己大学青春的第一抹色彩是什么，那是为荣誉而努力奋斗的色彩，因为努力奋斗是最充实的方式,荣誉是最好的肯定。在努力奋斗的时间里,个人、班级、球队拿下了很多的荣誉,这便是我回望大学时光,拥有的第一抹青春色彩。

定义自我青春色彩——奉献

时间很快,转眼就是大学毕业季,这次并不是为荣誉而努力奋斗的问题,而是一个真真实实的去向问题。现实击穿了我们对理想中青春的期待,特别是我们大多数从农村出来的学生,尽管奉献的青春是最绚烂牵魂的,但也不得不为家人、生活去找一份并不是自己想要而工资过得去的工作,通俗来说就是愿不愿意将就了余生。作为其中一员,我曾在做实验的间隙跑去参加招聘会,曾为工资的多少犹豫不决,曾在竞争中黯然失色,幸运的是,遇见了选调生的考试,梦见了对理想向往的阳光,为我接下来的青春折射出了一抹奉献的色彩,是那可爱的底色。

大四时在农科院进行毕业实习

关于选调生的工作要求,有一条便是需要到基层工作学习两年,曾有人问我,你会害怕、吃得了苦吗?第一次去工作报到,我的内心是没有一丝波动的,因为我的眼前有着鲜活的学习榜样,脑海里有着不忘来路的思绪。一年的青春年华,有那么一群人,倒在脱贫攻坚战的一线,未曾言苦;有那么一群人,逆行抗击新冠感染疫情，无所畏惧；有那么一群人，用躯体捍卫祖国的领土，寸步不退。可爱的人，"清澈的爱，只为中国"，他们充满奉献色彩的青春是如此绚烂，而我自己"吃苦"这种小事又何足相提并论？更何况基层是国家治理的末端、服务群众的最前沿，我们本应该更加主动接触，沾沾泥土气，方可想群众之所想，急群众之所急，使我们的民生服务工作直达民心民意。所以，作为一名选调生新人，对基层的向往，多讲奉献，才是青春需要的色彩。

2020年11月，终于开始了工作，随着工作的不断深入，我发现工作的开展难度越来越大：为了宣传推广医保电子凭证，跑到各个镇组织培训会；为了搞好医保宣传月活动，不断督促医院配合宣传；新医保系统上线，各种业务问题频发急需解决；新基金监管条例的实施，对执法人员提出了更高的要求。随着工作内容的越来越不让人如意，我该松懈吗？也许局长说的那句话，已经做了最好的概括：作为一位医保人，人民群众过来办事都是急需要救命的，我们不能耽搁，态度要好，医保基金更是群众的救命钱，更是需要维护好。是呀，我们现在做的每一件事，都是有意义的，是不容松懈耽搁的，这样的青春色彩才是有意义的。因此，近来我经常周末回到单位自觉加班，为的是以更通俗易懂的方式向群众推广医保电子凭证，为的是第一时间帮忙解决新系统出现的问题，为的是更好地理解基金监管条例。这样很累，但当这一切都逐渐走上正轨，一切都是值得的，我为自己作为一位医保工作者感到自豪，因为这是青春本该有的底色——无私奉献。

黄诗林向群众解释如何获取医保电子凭证

定义自我青春色彩——成功

　　征途漫漫，惟有奋斗。自2018年国家医疗保障局组建以来，通过不断的探索，医保改革不断取得新的突破、带来新的亮点。信息化的医保电子凭证全面推广将为家庭医保账户互用提供便捷，新系统的统一化使用、统一编码将实现异地就医结算成为常态，药品招采统一化管理将为群众减少医疗费用，新医保基金监管条例将为维护基金安全提供更为有力的法规依据。而今，构建一张医疗保障大网的蓝图已经绘就，我们应该拿出扬帆再出发的勇气、抓铁有痕的干劲，为建设社会主义现代化国家、实现中华民族伟大复兴奉献自己的一份力量。也许，"成功不必在我"，但我有理由相信"利民之事，丝发必兴"，有理由相信，"成功必定有我"，只有这样的青春色彩，才是青春最好的底色，才是自己对青春最好的定义。

游雨亮：步履不停的西部计划志愿者

游雨亮

个人简介：游雨亮，男，中共党员，华南农业大学第六届模范引领"道德之星"标兵，生命科学学院2020届毕业生。2020年8月参与西部计划项目至今，曾服务于新疆维吾尔自治区喀什地区岳普湖县财政局国库股、行政办公室，现服务于岳普湖县团委，负责宣传工作，担任西部计划联络员。

了解新疆变化，看见新疆发展

习近平总书记指出，我们正处在大有可为的新时代。走上中国特色社会主义道路后，我们国家的发展已转向高质量发展阶段，制度优势显著，治理效能提升，经济长期向好，物质基础雄厚，人力资源丰富，发展韧性强劲，社会大局稳定，继续发展具有多方面优势和条件。

自从第二次中央新疆工作座谈会以来，新疆的经济发展和民生改善取得了前所未有的成就。全党全国以总目标为引领，谋长远之策，扎实推动党中央治疆方略落地生根；新疆维吾尔自治区党委带领全区各族党员干部勇于担当，行固本之举，天山南北面貌焕然一新；2020 年 9 月，我来到这里之后，能够切实体会到新疆大局持续稳定、形势持续向好、城乡社会安宁。来到这里，给我感触最深的就是非常安全，"路不拾遗、夜不闭户"在这里有了最好的体现。我深切体会到，这里的群众在政治上、经济上、道德上、文化上向着热爱祖国，拥护中国共产党的领导、拥护社会主义制度的方向上前进。

这里的民族氛围十分融洽，习近平总书记多次强调，"新疆的问题最长远的还是民族团结问题""我们要像爱护自己的眼睛一样爱护民族团结，像珍视自己的生命一样珍视民族团结，像石榴籽那样紧紧抱在一起"。来到这里几个月后，我真真切切地体会到了这句话。在这里，各族同志交流都很和谐，办公室的所有干部都对我十分关照，我们虽不是一家人，但胜似一家亲。

游雨亮向华农师弟师妹们宣传国家西部计划政策

加强自身学习，坚定理想信念

2020 年 9 月 25 日至 26 日，第三次中央新疆工作座谈会在北京召开。这次会议是一次举旗定向、掌舵领航的会议。习近平总书记强调，当前和今后一个时期，做好新疆工作，要完整准确贯彻新时代党的治疆方略，牢牢扭住新疆工作总目标，依法治疆、团结稳疆、文化润疆、富民兴疆、长期建疆，以推进治理体系和治理能力现代化为保障,多谋长远之策,多行固本之举,努力建设团结和谐、繁荣富裕、文明进步、安居乐业、生态良好的新时代中国特色社会主义新疆。

那么,要如何贯彻落实好第三次中央新疆工作座谈会精神?一方面,我要加强自身学习,学习是新形势和新任务的迫切需要。当今世界,知识创新空前加快,我们面临的形势也变幻莫测,一切问题都不会和教科书上的一模一样。要跟上时代步伐,就必须不断加强学习、更新知识、积累经验、提高素质,努力成为具有世界眼光、把握发展规律、能够开拓创新的青年干部。

我作为志愿者来到这里服务还不满一年,对于许多精神领悟不深,感悟不透彻,对于座谈会中许多同志提及的问题还无法感同身受,但是我从最简单的新疆历史、新疆文化开始学起,再慢慢将所学所想与理论思想、现实经历结合在一起,去领悟新时代党的治疆方略和新疆工作的总目标,同时去规划自己未来如何在工作中能够更好地去实践。

游雨亮西部计划志愿服务期间工作、生活记录

另一方面,我作为一名党员、一名志愿者,一定要坚定不移推动党中央各项决策部署在新疆落地生根、真正将决策部署落实到工作的每一处。要始终坚持以党建引领民族团结进步事业发展毫不动摇,把凝聚人心、增进团结作为做好民族工作的重中之重;坚持把保护和传承少数民族文化作为促进民族团结进步的重要手段;坚持党建引领,在事关长治久安的深层次问题上聚焦发力,大力推动经济

社会发展和民生改善。要高举社会主义法治旗帜，弘扬法治精神，把全面依法治国的要求落实到新疆工作的各个领域。作为志愿者，一定要对标新时代党的治疆方略，自觉在思想上政治上行动上同党中央保持高度一致，扎根边疆、奉献边疆，把各项工作做深做实做细，就一定能更好地促进各族群众像石榴籽一样紧紧抱在一起，在党的领导下共同创造新疆更加美好的明天，让"两个共同""三个离不开""四个自信""五个认同"深深扎根各族群众灵魂深处。

寻找自身不足，不断反思改进

一是刚走出象牙塔心态的转变。到这里八个月后，我自身定位正在从学生到青年干部进行转变，在工作中开始扎根做实，不再抱着"我只是志愿者、我只是来学习"的心态做事，以前的我只愿意做机械重复的事情，觉得自己应该把工作和学习分开来，该工作时只工作，不带脑子学习，该学习的时候完全放弃工作，那时的我有这样的想法就是因为没有把自己摆在正确的干部位置上。时代在变化，我也应该针对现在形势和环境的变化，调整心态和工作方式，让自己在工作中学习，在更复杂的环境中提升自己的应变能力，在更艰苦的条件中磨炼自己的心智，让自己更加积极、主动、有担当地提出"我能够多承担一些东西"，发挥一个大学生志愿者应有的能力。

二是学习态度的改变。我一开始在单位学习的过程中在领会精神实质上下的功夫还不够，往往满足于参加学习过程、完成学习内容、记好学习笔记，但是认真琢磨研究劲头不够，在对学习内容真正地学深悟透、理论联系实际、理论指导实践、推动工作上还有不足，不愿意花时间去认真思考琢磨。随着时间的推移，我开始反思这种学习态度是否需要改正，答案是显而易见的。没有大量的、扎实的理论知识，在公文写作、对外沟通的过程中是很吃亏的，因为文章拿出来和人家一对比、讲话一交流，人家就知道你是否认真学习和领悟了。另外，我开始尝试理论和实践相结合，对于很多一听就会、一见就熟、一用就废的理论知识，我多看、多背、多用，把它们牢牢记在心中，内在升华为政治信仰、内化为思想素质、转化为实践能力。

三是工作态度的转变。作为一名志愿者、一名单位的干部，我学会的首先是心态乐观，每天以饱满的精神参与各项工作。乐观的态度，会让我在任何时候遇到困难，都能有积极的心态去解决，不会一遇到事情就退缩和躲避。其次是学会更加谦逊对待领导和其他干部，不去埋怨工作或者抱怨他人，先做好自己的本职工作，在遇到有人逃避的时候，我需要抱着别人不行我能顶上的态度去担当作为，这才是我们志愿者应有的态度。最后是努力做好自己的工作，熟悉自己的工作岗位，把自己的能力拿出来，才能证明自己是值得信赖的。

游雨亮西部计划志愿服务期间工作、生活记录："步履不停"

立足现在，展望未来

作为西部计划志愿者，我很感恩能够拥有一次参与祖国基层建设的机会，能够真真切切地为基层做实事、做好事，我也要以此为契机，积极以习近平新时代中国特色社会主义思想为指导，以第三次中央新疆工作座谈会精神为指引，强化责任担当，增强主动性和创造性。发扬奉献、友爱、互助、进步的青年志愿者精神，依托乡村振兴与农业现代化进程，在这里经风雨、见世面、发挥专业优势、能力优势，替人民群众解决问题，以过硬的本领展现作为。另外，我也通过抖音、微信公众号等平台向朋友、同学、师弟师妹还有其他网友宣传西部计划的政策，科普新疆的文化，通过文章、活动、微视频等方式展示新疆近几年的发展，让大家能够更真实地认识新疆，喜欢新疆。我还需要更加深入学习会议精神，针对性地加强思想淬炼、政治历练、实践锻炼和专业训练，在各个领域武装起自己，使自己能够更好地肩负起新时代的职责和使命！

李林雄：用不长的青春，做一件终生难忘的事

李林雄

个人简介：李林雄，出生于 1997 年 12 月，汉族。2019 年毕业于华南农业大学兽医学院动物药学专业。在校期间，担任华南农业大学膳食管理委员会主任。在国外期刊发表 SCI 论文 1 篇。2019 年 7 月，参加大学生志愿服务西部计划西藏专项基层社会治理工作。服务期间，荣获"林芝市优秀志愿者""西藏自治区优秀志愿者"称号。2020 年 8 月，结束志愿服务。2020 年 9 月—2021 年 3 月，兼职从事财商教育培训工作。

坚定初心，勇担使命

李林雄出生在湖南郴州一个偏远的山村，作为一名留守儿童，堂姐留在家的不可胜数的藏书，带他走进了一个奇妙的世界。初中时，一篇名为《在山的那边》的课文，深深勾起了他对远方的好奇——在山的那边，会是什么呢？ 去遥远、未

知的地方看看，体验不同的乡土风情，这一个心愿，深深扎根在这个"90后"内心深处。

2015年，李林雄来到华南农业大学，他选择的是兽医行业。"我喜欢广州，喜欢兽医学院，喜欢花上一整天时间泡在实验室里。"在课余时间，他喜欢去流浪猫狗救助站和义工们一起清洁猫舍，同特殊人群一起玩游戏做心理疏导。在志愿服务盛行的广州，"去山的那边看看"，又衍生出了新的含义——奉献和友爱。

一个偶然的机会，李林雄看到了共青团发布的大学生志愿服务西部计划招募信息，他就一下子被吸引了。"为天地立心，为生民立命，为往圣继绝学，为万世开太平。" 他想，自己也可以去做点什么，去祖国最需要的地方，做一件小小的事。就这样，李林雄参加了西部计划，成了一名援藏志愿者。

天是蓝的，心是红的

2019年7月，在广州的培训结束了，前往拉萨那天，在广州火车站站前广场上，一百多名援藏志愿者向着天空发出了他们的呐喊："到西部去，到基层去，到祖国最需要的地方去。"

西藏专项志愿者集体进藏前合影

升学、就业、创业，在毕业后众多选择中，这些青年志愿者选择了挥洒一腔热血，选择了奉献青春，选择去做一件微小的事，以此让自己看到人生的价值。

在西藏工作和生活，是一件既身心愉悦，又压力满满的事。经过多次培训和考核，李林雄被分配到了西藏自治区林芝市发展和改革委员会，以公益性志愿者的身份参与完成单位的各项工作。面对完全陌生又无比严肃的政务工作，上岗的每一天，他心里的弦都是绷着的。"任何一点点差错，后果都可能让单位一百多个人一起陪自己承担。"

尽管疲惫，但西藏的天空干净得能洗涤人心。每天起床抬头看看不远处的蓝天和白云，就能给李林雄以源源不断的动力——和自己的同事、其他志愿者守护好这片蓝天，守护好这片蓝天下善良的人。2019 年 8 月，他向党组织递交了入党申请书等材料，把自己的一言一行摆在党组织的监督之下。

西藏林芝市索松村

2020 年春节，大部分同事休假返乡陪伴家人，考虑到单位工作还需要有人负责，李林雄选择了留藏过年，也是因为这个选择，他更近距离接触到这场严峻的抗疫战斗。疫情肆虐之际，林芝市紧急组建小队，开展进藏人员检验检疫相关工作，他被选上，成为其中一员。

辛勤工作，励志服务西部

"在（林芝市）发改委呀，虽然工作上不会有太多发挥所学专业的机会，但这里是非常磨炼人的。"这是同在发改委的山东队老志愿者孙一凡说的一句话。虽然是平凡的岗位、平凡的工作，但李林雄始终谨记自己在拉萨北京实验学校培训时，看到桌面上写着的一句句朴实的话语后，许下的诺言：踏踏实实做好每一件事。

最忙碌的时候，整个办公室里，只有李林雄和另一位同事，在四层的办公楼里，他们每天能走出三万的步数。有一次，夜里十二点被急促的电话铃声叫醒，是一项紧急工作，需要马上处理。来不及换衣服，只得披上厚厚的外衣，急匆匆地跑进办公楼，接收文件、拟写报告……办公楼孤零零的灯光亮到凌晨两三点，是西部计划志愿者工作的常态。

林芝市发改委周四学习例会掠影

挥洒爱心，甘于奉献

没有大家，何来小家。志愿服务能做的，是很小很小的事。专注地做一件事，如给环卫工人送一份爱心面包，去养老院陪爷爷奶奶们唱歌跳舞，在比日神山的山道上捡白色垃圾……诸多小爱，只因心中有一个共同的家——中国。

林芝市庆祝中华人民共和国成立七十周年游园庆

从西藏发现第一例新冠感染确诊病例后，林芝市紧急建立起了一道道关卡防线。作为防疫队伍中的一员，李林雄从二月到六月的一百多天时间里，不分日夜地坚守在岗位上，协助公安和医护人员进行返藏人员的信息登记、体温检查和定期报告等工作。为了让家人安心，在电话里，李林雄向家人隐瞒了自己到了防疫一线的消息。

可没有不透风的墙。一次，家人问他："你是不是在防疫一线上？疫情这么严重，你是志愿者，这个时候你肯定在一线。这么多人，你都接触，不安全。"

他回复道："我知道病毒危险，可国家给了我这份责任，我想为她做些什么，这样才对得起国家。放心吧，爸妈，我们裹得可严实了。"

只是，令李林雄没想到的是，2020 年 5 月，临到一年服务期满，家人才告诉他，父亲那段时间因为事故高位摔伤，腰椎动了手术，住院近半月。

高启船帆，再远行

考虑到爸妈的身体，李林雄最终选择了结束一年的志愿服务，回到爸妈身边。为了让更多的人了解志愿者的人生经验，学习志愿者的思考方式，他又用了半年时间，无偿地在一家知名财商教育公司工作，林林总总接触到了不同的人，他们当中，有一天工作 12 小时、白班夜班倒的年轻宝爸，有创业失败、不得不兼做 4 份工作的北漂硕士……沉寂下来的半年，让李林雄有更多的时间去思考自己该走一条什么样的路。

如今，他决定把心沉下来，继续学业。把自己的所学发挥到应有的地方。而那些深蓝色的志愿者身影，仍在西部大地上演绎着一个个精彩的故事。

张展康：绽放青春，不负韶华

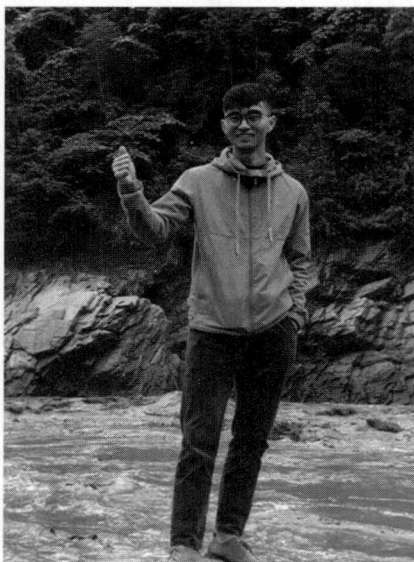

张展康

　　个人简介： 张展康，华南农业大学2017届计算机科学与技术本科毕业生，现任西藏自治区林芝市墨脱县帮辛乡人民政府科员。毕业不愁工作的他，怀揣着"到祖国最需要的地方去"的一腔热血，毅然辞职，前往西藏基层就业。在西藏工作近四年，他从零做起，克服语言沟通障碍、民族文化差异以及当地村民的排外情绪等困难，深入群众，学习当地语言、文化，捕捉群众思想动态，了解群众所需所求，参与当地的各项脱贫攻坚工作，调解各类群众矛盾，宣传党的先进思想、脱贫致富典型。同时，他利用专业特长协助建成了帮辛乡石锅文化网站，并多次组织开展各类文体艺术活动，丰富村民业余生活，宣传中华文化。

心向往之，破釜沉舟

2017 年 5 月，正值毕业之际，大多数应届毕业生在为进入自己心仪公司辛苦备战，期待着能在自己的专业领域内大展拳脚，然而正处于实习期不愁就业的张展康看到了一则关于招聘西藏林芝基层公务员的消息，在了解到西藏是深度贫困地区后，出生于农村的他深知基层干部群众的不易，这让他渴望在西藏这个特殊的地方贡献自己的力量。于是，他完成实习后立马开始投简历、笔试、面试，一步步过关斩将，终于如愿以偿成为西藏林芝基层公务员中的一员，自此踏上了他人生的新征程。

乘风破浪，迎难而上

万事开头难！经过一系列的岗前培训，张展康被分配到了最为艰苦的墨脱县，对于初到基层工作的他来讲，如何实现心中理想？通过走村入户调研，他深入了解到基层群众贫困、生活条件艰苦、思想落后、交通条件落后、基础设施落后等情况普遍存在。他意识到，在力所能及的范围内，增加经济收入、转变农牧民群众思想是帮助群众实现脱贫致富的根本途径。

作为从事文化、宣传、强基惠民方面工作的他，开始走访、入户开展调研，但由于农牧民群众的排外情绪、语言沟通障碍、民族文化差异、思想观念不一致等方面的问题使得工作进程缓慢，难题接踵而至，然而在困难面前，他没有退却，与一同抵达的小伙伴针对问题积极取经，拜访请教有基层工作经验的老干部、老党员，认真总结前辈的工作经验和心得，深入群众学习当地语言、文化，捕捉群众思想动态，了解群众所需所求，并坚持以上级文件精神为指导，制订发展计划与方案，为攻克难题打下扎实的基础。

张展康下村入户调研

张展康入户排查安全隐患

张展康与村干部清理各村水源地垃圾

恪尽职守，勤勉尽责

在这三年多的工作时间里，张展康始终坚守本心，坚持在党和国家的领导下开展各项工作。

2019年年底，在乡政府上下都愁于如何宣传帮辛乡"西藏石锅文化之乡"的美誉、扩大石锅的影响力、拓宽石锅的销售渠道时，计算机专业毕业的他将"建设地标网站"这一想法传达给了领导；深入了解后，他从可行性分析、资金支持、网站建设及投入使用后的维护等方面进行了全面、系统的阐述，这一"跳出局限，敢于创新"的想法获得了乡党委领导班子的认可。很快，在乡党委、政府的统筹安排下，在佛山援藏工作队及上级领导部门的大力支持下，关于建设宣传帮辛乡石锅文化网站的项目就此开展，近一年时间里，为了项目的顺利开展，他在市、县、乡之间颠簸，在危险的道路上来回跑、循环跑，跋山涉水拿批示、跑流程、签合同，那份执念让他不畏艰险、迎难而上。在他的努力下，"西藏石锅文化之乡"地标网站于2019年建成并投入使用，这是墨脱县首例以宣传为主题的乡级网站，这意味着基层民族文化和特色产品将得到进一步宣传，农牧民群众的石锅产品销售多了一条崭新的途径。

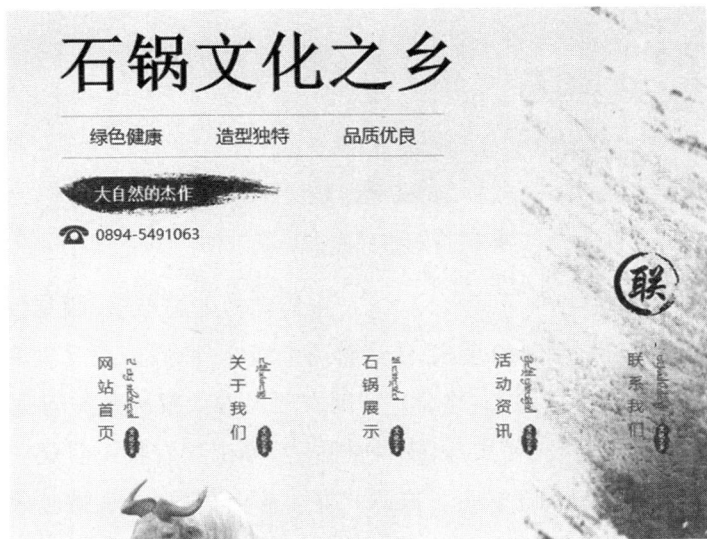

帮辛乡石锅文化网站

　　2020年，他听从乡党委、政府的统筹安排，以尽力为民办实事为目标，深入基层一线，进村驻点，成为肯肯村驻村工作队的一员。来到村里，他看到了贫穷的根源——"等、靠、要"。村内有两名农牧民，终日饮酒烂醉、不劳作，仅靠政府发放补助维持生计，以致经常与家中妻子吵架甚至动手，多次劝说也无济于事，落后的思想观念使家庭随时面临崩塌，这两家人的生活每况愈下。张展康的职责让他不能也不愿放弃每一名群众，于是他以转变思想观念为目的，以致富带头人的先进事例为导向，鼓励他们靠自己的双手脱贫致富，前前后后做了不下20次思想工作。在张展康的坚持劝导下，从开始的不耐烦，到后来决心改变这贫穷落后的家庭面貌，他们采石锅、种茶叶、打零工，依靠双手实现增收。驻村一年来，张展康始终不忘初心、牢记使命，在群众需要的时候第一时间出现，及时解难。

张展康到村民家做思想工作

　　这一年里，他通过集中开会、逐一入户宣传党的先进思想、脱贫致富典型、"四讲四爱"群众教育实践活动80余次，传达学习上级文件精神、惠民政策等120余次，调解家庭矛盾、邻里矛盾等20余件，帮助农牧民群众解决各类问题80余件，与乡党委、政府以及各上级部门的积极沟通下，不断引导农牧民群众从"要我脱贫"到"我要脱贫"的思想观念转变，摒除"等、靠、要"思想，鼓励农牧民群众依靠双手发家致富，最大限度帮助农牧民群众拓宽增收渠道，实现稳定增收。

张展康集中开展宣传教育

张展康到各村开展家庭医生签约工作

扎根当地，其乐融融

近四年里，除了帮助村民实现"两不愁三保障"外，丰富他们的精神生活、加强精神文明建设也是很迫切的。当看到老百姓农忙之外无所事事、喝酒打牌时，张展康常常感觉应该做些什么来改善这种情况，他积极筹划，精心设计，组织开展了一系列的文体艺术活动。从文艺演出、演讲比赛、征文比赛到体育方面的各类大小球比赛、拔河、趣味活动等，不仅丰富了当地老百姓的业余生活，还加强了当地干部和群众之间的交流沟通。

帮辛乡新年文体活动短跑比赛现场

2018 年春节前夕，他和其他留守干部一样得知只能留守过年，然而他并未因此而感到难过，反而为帮辛乡同事在异乡过上温馨且丰富的春节出谋划策。他起草拟订帮辛乡春节文体活动方案，筹备全乡新年各类活动事宜。春节当天早上，一首《恭喜发财》拉开了干部新年文体活动的序幕，篮球比赛、短跑比赛、接力赛、象棋比赛、三人四足等文体活动有序开展，干部们沉浸其中，乐此不疲。春节当天晚上，极具民族特色的篝火晚会接踵而至，干部群众欢聚一堂，以"感党恩、听党话、跟党走"为主题的锅庄、小品、歌唱等节目别具匠心。农牧民群众在文娱气息中领略中华民族先进文化的精髓，感受在党的领导下日渐富裕的生活条件，那一刻他感到帮辛乡就是一个温馨的大家庭，干部群众的满意就是对他工作的最大肯定。

帮辛乡新年篝火晚会

张展康组织开展帮辛乡新年趣味文体活动

不忘初心，砥砺前行

"面朝大海，春暖花开"是哲人的"诗和远方"，"不忘初心，立德树人"是新时代青年教师的"诗和远方"，"天下兴亡、匹夫有责"是基层干部的"诗和远方"。青年时代，满腔热血的人不经一番寒彻骨，怎得梅花扑鼻香？也许坚持是一种枯燥，是一种孤单，同时坚持也是一种心性，是一种习惯。只有在枯燥和孤单中慢慢地磨炼自己的心性，让心性坚如磐石，不为外界任何事所动，不管什么都无法阻挡他实现抱负的脚步，得到蜕变，成为有用之人。能够选择坚持选择吃苦也就成就了理想，实现了抱负。张展康谨记习近平总书记的殷切期望，担负历史新使命，手握奋斗接力棒，以理想为火炬，生生不息地传递着为人民服务的深情，成为一名有情怀、有担当的新时代青年，不忘初心奉献芳华，砥砺前行不负青春！

黄学铭：甘为边疆胡杨树，守护家国繁花处

黄学铭

个人简介：黄学铭，华南农业大学数学与信息学院工业工程专业2019届毕业生。在校期间，担任班长、团支书、党支部副书记，曾获校一等奖学金一次、二等奖学金及国家励志奖学金两次，校优秀党员、优秀学生干部、优秀共青团员、第四期模范引领学干之星标兵、第六期青马培训班优秀学员、第一期青年学习社优秀学员等荣誉。积极响应党的号召，来到新疆喀什地区伽师县，成为一名扎根边疆、服务群众的基层干部，培训期间获喀什地区公务员培训优秀学员。现为伽师县古勒鲁克乡一级科员、古勒鲁克乡拜什塔木村支部副书记，暂被借调伽师县组织部工作。

胡杨是世界上最古老的一种杨树，有着"活一千年不死，死一千年不倒，倒一千年不朽"的说法。由于它能任凭沙暴的肆虐，任凭干旱和盐碱的侵蚀以及严寒和酷暑的打击而顽强地生存，又被人们称为"沙漠英雄树"。小时候学过一篇课文《走向胡杨》知道有这种"英雄树"的时候，我便萌生了要到胡杨林看一看的想法。或许是这个想法的指引，2020年10月，我响应党组织的号召，从五千

里外祖国的南方小城肇庆，选择来到了祖国的西部边陲喀什。

这大半年来，我严格要求自己，从喀什地委党校初任培训班的 3 个月培训，到后来分配到伽师县古勒鲁克乡人民政府成为一名基层工作者，始终时刻保持"谦虚""谨慎""律己"的态度，始终勤奋学习、积极进取，努力提高自我，始终勤奋工作，认真完成任务，履行好岗位职责，甘为边疆胡杨树，守护家国繁花处。

黄学铭参加公务员初任培训发言

黄学铭个人照

心之所想，身向胡杨

心之所想，身向胡杨。2020 年 9 月恰逢第三次中央新疆工作座谈会在北京召开，而我有幸成为 2020 年新疆喀什地区面向内地招录优秀高校毕业生（简称内招生）的一员。搭乘 68 小时的火车，我来到了这片地图上熟悉而现实却陌生的土地。我知道自己只身来到这里，绝不是漫无目的，是要在这里学习、成长、服务的。想到这里，这不是和我曾经念念不忘的胡杨很像吗？同样身在西北，同样扎根荒漠，奉献自身，原来我并不孤单。

认真培训，夯实基础。从来到这里报到的第一天，我就告别了学生的身份，成为一名学员。从维语学习到公务员初任理论培训、政治学习，一整天的课程，从宿舍到课室、食堂，充实而又斗志满满。从维语字母音标开始学起，重新学习一门语言的确有点费力。不过细想一下，在这里培训、扎实学习，才能更好地到基层服务，学好维语能更好地开展工作。这样一想，培训是真的为学员学习下了很多功夫。在培训期间，恰好碰上了疫情，给培训学习加了一些小插曲。不过疫情期间的培训并不忙乱，为了保证学员们在疫情期间能正常学习，各方面都积极地规划并保证物资供应正常，严格落实核酸检测、区域定期消毒、全员佩戴口罩、定时测量体温、隔座就餐和网上授课等疫情防控工作的各项要求，培训结束师生全体核酸检测结果均为阴性。

获益良多，提升自我。培训的时间虽然不长，但一路走来，收获颇多。在为期三个月的培训中，培训班精心安排了多位学识渊博的老师为我们这批新录用公务员授课。老师们带领大家就第三次中央新疆工作座谈会、十九届五中全会等相关精神、公务员初任理论培训、维语写作和口语进行了学习。内容涵盖方方面面，使我们对工作有了一定的了解，增强了扎根南疆服务基层的信心。

初长胡杨，扎根基层

初长胡杨，扎根基层。2021 年 1 月 19 日培训结束后，我被分配到伽师县古勒鲁克乡人民政府。在分配当天县委组织部找我谈话，通知我暂不用到乡里报到，先留在组织部帮一段时间的忙，从事文字材料工作。刚参加工作，缺乏工作经验，我的内心不免有些矛盾，乡镇的工作强度本来就大，而组织部更是"5＋2""白＋黑"，每晚一两点下班，基本没轮休，节日也不会放假，如此大的压力，我到底能不能胜任呢？

不畏困难，迎难而上。但我也明白，方法总比困难多，我来这里就是为学习、成长、服务来的，青年人就要拿出青年人的拼劲儿。我远离南粤大地，来到这边疆苦寒之地，就是想不负青春，能在党的领导下做点有意义的事情。怕吃苦的话那我还来这里干什么？而且作为一名共产党员，应当服从组织的意志，好好学习尽快进入工作状态，在工作岗位上发光发热。

夯实基础，虚心学习。来到办公室后，我才发现这里真的是我家，因为吃住全在它。在这里只需要记住今天是多少号，没有周末的星期几对我们来说根本没有意义。因为我刚到组织部，领导和带我的师傅都很认真地指导我，一步步带、手把手教，也常常和我们坐在一起讲讲过去这里有趣的事，同事们也是时常在工作上帮助我、在生活上关心我，让我很快就融入了新单位。看着电脑上材料的整理完成，时间也显示凌晨4点了，感到充实满足。

响应号召，当地过年。今年（编者注：2021年）春节我响应号召，留在伽师县当地过年。晚上回到宿舍后，独自一人，屋外寒风呼啸，白雪皑皑，我打开手机学习"强国应用"，看起了春节联欢晚会，难得的是在春晚看到了粤剧，听到了熟悉的南粤乡音。突然，手机铃声响了起来，是妹妹打来了视频电话，画面里一家人正在老家吃着年夜饭，我和他们聊着聊着，视频却突然挂断，后来却怎么也连不上了。到凌晨放鞭炮的时候，妹妹又打来电话给我说，刚才是母亲哭了，他们不想让我看到。

边疆胡杨，守望家国。家人想念我，我又何尝不想念他们呢？可孩子长大了，总是要离家的，而且我身虽远离故乡，脚下却仍是祖国,我们的祖国整体繁荣富强，但还有一些地方相对落后，这些地方需要年轻人的热血来浇灌，需要新时代的支边青年来守护和建设，而我：甘为边疆胡杨树，守护家国繁花处。

生长胡杨 用心思考

用心思考下基层。在节假日、轮休的时候，我没有选择休息，而是主动从组织部返回乡里的拜什塔木村协助第一书记和支部书记工作。尽管已做了充分的准备，但对一个"双语"不太好的支部副书记来说，深入群众、了解群众困难重重。工作初期业务不熟悉、村情难掌握、群众不认可等困难反而激起了我工作的斗志。

坚守责任，助力乡村振兴。到拜什塔木村后，我首先给每位村民发了一张热难点问题诉求表，"群众工作是当前的重要工作，做好群众工作责无旁贷。一要让村民都认识自己，二要告诉大家有什么问题和困难都可以向自己和工作队反映。"通过从轮休挤出来的时间，我共收集整理了 79 个问题，主要涉及扶贫项目实施、低保发放、"三老"人员生活困难等，这些都为下一步开展工作起了个好头。

补短板，强内基，只为更好地服务群众。通过摸清底数，村里的基本情况已经深刻在我大脑中，通过与村干部、"四老人员"座谈，与群众拉家常、走访入户，我渐渐进入工作角色，并开始集中精力解决农牧民党员党组织生活不规律、宗旨意识不强等问题。

感人心者，莫乎于情。在节假日开展"四同四送"工作，吃住都在群众家。有时打电话，家人和朋友常常不解，觉得公务员是一项体面工作，能休息不休息还要给自己加班加码地干活，哪会去做这些事？但我始终觉得组织让我来到这里，就是要让我在这里落地生根。只有冲到前头，放下身段，与群众同吃同住，才能真正地学到东西，才是真正落地生根。一件事情接着一件事情办，一个问题接着一个问题解决，才能得到群众的认可。

茁壮胡杨，"犇"向明天

茁壮胡杨，"犇"向明天。2021 年是农历辛丑年，习近平总书记勉励大家发扬"为民服务孺子牛、创新发展拓荒牛、艰苦奋斗老黄牛"精神，在全面建设社会主义现代化国家新征程上奋勇前进。新的一年新的征程，作为一名基层工作者，我也应以"三牛"精神勉励自己，完善自己。

如胡杨般扎根边疆，做为民服务的"孺子牛"。2021 年是地县乡三级换届年，组织上安排我到县换届办当联络员。通过组织安排系统的培训夯实了我的业务知识。因为我刚参加工作需要学习的地方有很多，每天晚上我都在忙完手头上的工作后细细学习相关的文件，一抬头偌大的办公室就只剩下我一个人了。尽管累，但我知道工作容不得半点马虎，哪怕只是小小的一环也要做好自己的本职工作。

作为一名扎根边疆的基层干部，就应以"胡杨"精神为支撑，抛却浮躁、沉下身子，努力践行全心全意为人民服务的宗旨，将"服务"二字内化于心、外化于行，贯穿于实际工作之中，做一心一意、为国为民的"孺子牛"。

如胡杨般守卫边疆，做创新发展的"拓荒牛"。作为联络员，跟随指导组前往不同的乡镇进行换届工作的督查指导，材料一项项地审核，往往一忙起来就是一个通宵。望着窗边的胡杨，仿佛看到一个个守卫边疆的战士。作为扎根边疆的基层干部，更需要这种精神，不断涵养敢闯敢试、敢为人先、吃苦耐劳的精神，深入基层，了解群众的所思所盼，亲近群众，体会群众的安危冷暖，坚持从实际出发，做好调查研究，踏实工作，制订切实可行的实施方案，做开天辟地、锐意进取的"拓荒牛"。

如胡杨般奉献边疆，做艰苦奋斗的"老黄牛"。胡杨在最恶劣、最艰苦的地方勇敢地与命运、与自然抗争。人们赞美胡杨，不仅因为其风姿，更因为胡杨的生命力中蕴含着"艰苦奋斗、自强不息、扎根边疆、甘于奉献"的精神以及身上那股敢于斗争、永不服输的劲头。站在新起点，要勇于负重，甘于奉献，踏踏实实干好本职工作，以钉钉子精神想一件、干一件，干一件、成一件，一步一履皆用心用意，做真抓实干、民族复兴的"老黄牛"。

征途漫漫，惟有奋斗。习近平总书记教导我们：现在，青春是用来奋斗的；将来，青春是用来回忆的。争做胡杨树，做到不忘初心、砥砺前行、扎牢忠与诚，成为一支奉献新疆的生力军，用年轻的激情和智慧为中国梦的实现书写属于青春的灿烂华章；用朴实无华的行动书写人生，扎根南疆奉献青春，挥洒青春的汗水。

潘进：建功广阔天地，不负伟大时代

潘　进

个人简介：潘进，男，中共党员，1995年7月出生，安徽省合肥市肥东县人，华南农业大学2019届水利与土木工程学院土木工程专业本科毕业生。2019年考取湖北省宜昌市选调生，分配至枝江市七星台镇，先后在镇组织室、纪委、卫健办等部门工作，担任过贫困村王家店村村支部书记助理。在工作期间，较好完成镇党委安排的组织人事、纪检监察、卫生健康、疫情防控、脱贫攻坚、防汛抗洪、办文办会等各项工作。获得七星台镇全面建成小康社会"先进个人"、枝江市创建国家卫生城市"突出贡献个人"等荣誉称号。

2019 年 6 月毕业离校前潘进在教一广场留影

2019 年 7 月在宜昌市委党校分配岗位前一晚合影

（后排中间为潘进）

潘进是华南农业大学 2019 届土木工程专业本科毕业生，当时党中央号召广大青年"到基层去，到中西部去，到祖国最需要的地方去"，于是他立志投身基层、扎根基层、奉献基层，选择成为湖北省宜昌市的一名选调生。毕业两年来，他始终坚守初心，把工作当事业、把基层当舞台，以奋斗作笔、以汗水为墨、以实干作答，用行动诠释了使命担当、用奉献标注了青春高度。

来自内心深处的呼唤

潘进打小就喜欢读书，初中时一个偶然的机会，他从一本杂志上读到了这样令他印象极为深刻的话："一切可以到农村中去工作的这样的知识分子，应当高兴地到那里去。农村是一个广阔的天地，在那里是可以大有作为的。"这是 20 世纪 60 年代毛主席向全国知识青年发出的号召。于是，当年广大知识青年满怀着革命情怀，奔向农村，奔向边疆，为祖国的基层建设付出了青春和汗水，无数的故事让潘进热血沸腾。

进入华南农业大学以后，品学兼优的潘进积极向党组织靠拢，终于成了一名光荣的中共党员。在学生党支部里进行党员理论知识学习时，他读到了《习近平的七年知青岁月》《平凡的世界》等图书，那一颗早年就已埋在他心中、向往基层磨砺的种子恰逢甘霖，开始萌芽、生长。于是在毕业那年，在人生的十字路口，当面临诸多选择时，潘进萌发了去祖国中西部基层工作的想法。在学院年级辅导员老师的指引、推荐下，他和同学一起去了学校就业指导中心，咨询了相关政策，并与一些往届师兄师姐交流想法。最终，在老师们的关心和支持下，经过笔试、面试、政审，他终于考上了湖北省宜昌市的选调生。

在潘进毕业的那一年，中国农村脱贫攻坚事业取得决定性胜利，为来年的决战脱贫攻坚打下了坚实的基础；也是在那一年的 6 月，同样奋战在基层的黄文秀同志在暴雨洪流中不幸遇难。潘进在参加学院党委召集的毕业前最后一次支部党员座谈会上，听到了黄文秀同志的事迹报告，他热泪盈眶，更加坚定了自己的信念和决心。

初到基层的迷茫

2019 年 7 月底，在湖北省宜昌市委党校的培训结束后，同一批次 58 名选调生被分配到全市的各县（区）街道或乡镇，潘进被分到了枝江市七星台镇。从求学所在的沿海一线大城市到中部三线城市，再到县城，最后到乡镇，一路上周边环境从喧嚣到冷清，但他的内心却是火热的，他觉得越是到艰苦的地方，自己才能够成长得越快。

2019 年 7 月宜昌市委党校培训期间合影（前排右五为潘进）

　　扎根基层，从来不是一句简单的口号，也不是仅凭借一股冲劲就能轻易做到的。刚到基层时，潘进就遇到了考验他的"三关"。

　　第一关是"思想关"。这名刚从大学毕业一个月的安徽小伙带着激情和梦想来到湖北省宜昌市东边这个偏远小镇上，初来乍到的他面对小镇陌生又冷清的环境，不仅无亲无故，而且还听不懂方言。当时甚至还有人跟他说，他作为一名重本高校的毕业生，来到这样偏僻的乡镇工作十分可惜。虽然行前他心里已经有所准备，设想过可能会遇到的各种困难，但真正面对现实之时，他的内心还是不免产生了彷徨和犹豫。刚参加工作的他随领导进村入户，却逐渐发现这里不仅机关里年轻人少，镇上和村里的年轻人也不多。与大城市相比，这里缺少活力，迫切需要一大批像他这样有知识、有能力、有活力的年轻人为基层发展注入新鲜血液。刚入职的一段时间，他反复思量，最终想明白了，其实这种"匮乏"也正是自己奔赴基层的初心和价值所在。于是，他更加坚定了自己的选择，怀着对这片他乡土地的热爱和立志在基层建功立业的决心，沉下心来扎根奉献、专注工作。随着对基层工作了解的不断深入，他也愈加热爱这方热土。

2019年7月在张家场村慰问采访抗美援朝老兵（右二为潘进）

第二关是"方言关"。刚到机关时，同事们为了照顾他这个外地人，在单位里短暂地掀起了一波"普通话"潮流。但随着工作的深入，他慢慢发现与群众交流还是要靠方言，便于消除陌生感、不信任感，拉近彼此距离。于是他凭借一股钻研好学的劲头，天天追着身边的前辈、同事学最地道的方言，在短短三个月内就迈过了方言这道坎。

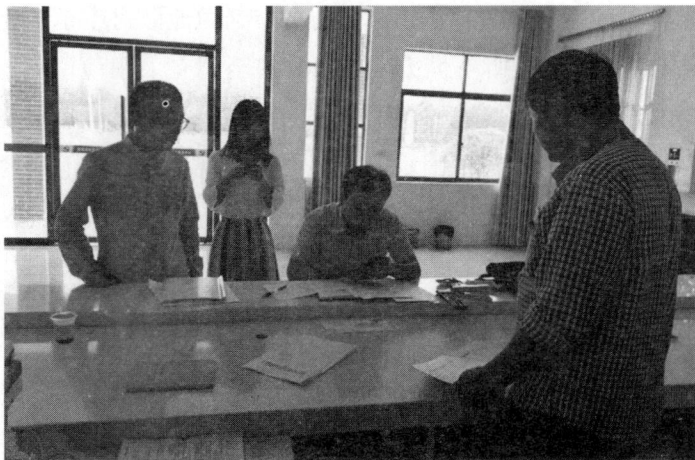

2019年9月代表镇党委下村进行党建工作检查（左一为潘进）

第三关是"能力关"。虽然潘进是大学毕业生，但有专业知识不等于有经验见识，有学历文凭也不等于有解决实际问题的能力。一开始，他连"村两委""河湖长制"都不懂，对一些基本的工作要求也不甚了解。于是，他坚持向领导、同事学习和请教，从最基础的办文办会、统计报表等工作开始学起；他经常跟随领导到村入户，深入田间地头了解情况，与群众促膝拉家常，逐渐掌握了基层的工作节奏和方法，领导和同事常常称他为一名地道的"新枝江人"，说许多本地人还没有他对基层了解那么深入。

脚踏实地，勇挑重担显担当

工作以来，潘进先后在七星台镇组织室、纪委、卫健办等部门工作过，并曾在贫困村王家店村驻村。"上面千条线，下面一根针"，基层作为各项政策承接的"最后一公里"，每个人常常身兼数职，各项工作也都非常繁忙，但他总是冲锋在前、不怕吃苦，在困难中磨砺，在逆境中成长。在组织室，潘进除了负责协助做好全镇的党建和人事、待遇计算等工作，还先后认真协助镇党委开展慰问困难党员、整顿软弱涣散党组织、统战管理基层宗教、召开乡贤会议等工作；在纪委办公室，他协助做好全镇的党风廉政建设和反腐败工作，查办违纪案件，开展廉政宣传教育，加强作风建设督察；在卫健办，他负责全镇的卫生健康和计划生育等事务，积极落实上级惠民政策，同时负责过一段时间的全镇常态化疫情防控的各部门牵头协调工作；在王家店村里，他担任书记助理，做好村里安排的日常工作。

2020 年 8 月在村里开展扶贫成效验收入户走访（左一为潘进）

在近两年时间的基层工作中，潘进经历过不少艰难的时刻，有些时刻让他终身难忘。面对非访人员的不配合，他随领导一道前往市区进行接访，积极帮助解决问题并成功化解对方心结；面对新冠感染疫情的爆发，他毅然从安徽老家提前返回湖北工作地，白天守卡口、测体温、送物资，晚上还加班熬夜写材料，连续奋战三十多天没有休息，守住了群众的安全门和健康门，为防疫大局做出了积极贡献；面对防汛抗洪的艰巨任务，他连续几天在长江、沮漳河边与群众一起做好险情排查、加固堤坝，睡在临时帐篷里，夜间进行巡逻；在决战脱贫攻坚期间，他和驻村工作队一道挨家挨户走访慰问，落实产业扶贫、就业扶贫、健康扶贫、临时救助、消危减土等各项精准扶贫惠民政策，实现了所在村全部人口脱贫销号，并做好返贫动态监测；在创建国家卫生城市和文明城市期间，他天天走街串巷不怕苦、入户上门不嫌烦、加班加点不喊累，顶着烈日、冒着高温、心怀热情，为居民宣传文明城市创建知识，帮助老年群众清理堆放杂物、清扫楼梯垃圾，用汗水换来了群众的笑容和点赞。

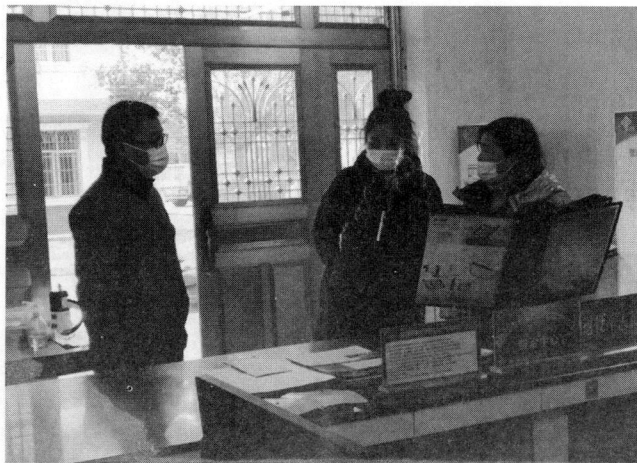

2020 年 11 月在镇上进行优化营商环境服务窗口
检查工作（左一为潘进）

来时一身书生气，如今两袖泥土香。基层工作两年来，潘进用脚步丈量民情，用真心温暖民心，用行动践行初心，从迷茫到坚定、从稚嫩到从容，真正地融入了基层、爱上了基层，也将继续在基层的岗位上，挥洒青春的汗水、演绎最美的青春。

李佳：以青春之我笃定前行 以奉献之我不负韶华

李 佳

> **个人简介**：李佳，中共党员，华南农业大学 2019 届外国语学院英语专业本科毕业生，广东省 2019 年选调生，现任梅州市蕉岭县蓝坊镇人民政府一级科员、蓝坊村村党支部书记助理。驻村期间，勇当排头兵，坚定跟党走，带领村党支部打造基层党建示范点，推进新时代基层党建工作创新，建立蓝坊镇首个红色文化教育基地；下沉第一线，为民办实事，在疫情防控、乡村振兴、脱贫攻坚、森林防火等方面发挥青春的光与热，所在村脱贫率达100%，让全村两千人共享乡村振兴成果。

有人说，青春是一场跌跌撞撞的旅行；也有人说，青春是一段曲曲折折的岁月。在我们每个人心中，都有一份对青春的定义，它或许激情澎湃，或许热血沸腾……很幸运，我的青春，像它该有的模样，如一抹灿烂的阳光，温暖而明亮。因为，我是一名基层工作者。

2019 年 6 月，告别美好的象牙塔，踏出华南农业大学的大门，我正式成了一名选调生，一名基层公务员，一名驻村干部。在基层这片广阔的天地，我坚定信念，刻苦锻炼，充分发挥青春的光与热，立志把青春熔铸于伟大的乡村振兴改革进程中。

作为蓝坊村村党支部书记助理，我的青春很单一：常常和群众"唠家常"，听听他们对乡村振兴的意见与建议；常常到贫困户家里，看他们在安全稳固的住房下看着清晰的电视；常常爬山走田坎，手里的小喇叭不停循环播放"森林防火，人人有责"……我的青春也很多彩，在各种角色里穿梭，指导员、先锋者、领路人……我一直在探索自己的人生价值。

基层党建的指导员

作为一名年轻基层干部，我勇于创新工作思路，敢于将各地的先进做法运用到我村基层党建工作中，提出了不少具有可行性、时代性、创新性的"新路子"。如带领蓝坊村党支部采取"领导带学、先进促学、流动党员电话送学"等方式，组织农村党员学党章、上党课、观看专题片、重温入党誓词，同时评选"优秀共产党员""学习标兵"，营造浓郁"党味"，使党员的参学率达到 100%。我所驻的蓝坊村是苏区精神的孕育地，这一点激发了我的"红色发展思路"。在各方努力下，我们以"红军路"为依托，打造蓝坊村红色文化公园，结合蓝坊镇的旅游资源、红色文化和乡村振兴工作，将蓝坊村升级成集红色教育、旅游休闲和青少年国防教育于一体的红色基因传承高地，把革命先烈的先进事迹和"革命老区精神"扩散出去，为更多的党员起到示范引领和辐射带动作用。此举得到了县、镇的充分认可，也为党史学习教育打下了坚实基础。村支部书记不禁竖起大拇指称赞道："你真是基层党建的指导员啊！"

李佳在蕉岭县"红色信仰·时代之声"演讲比赛中

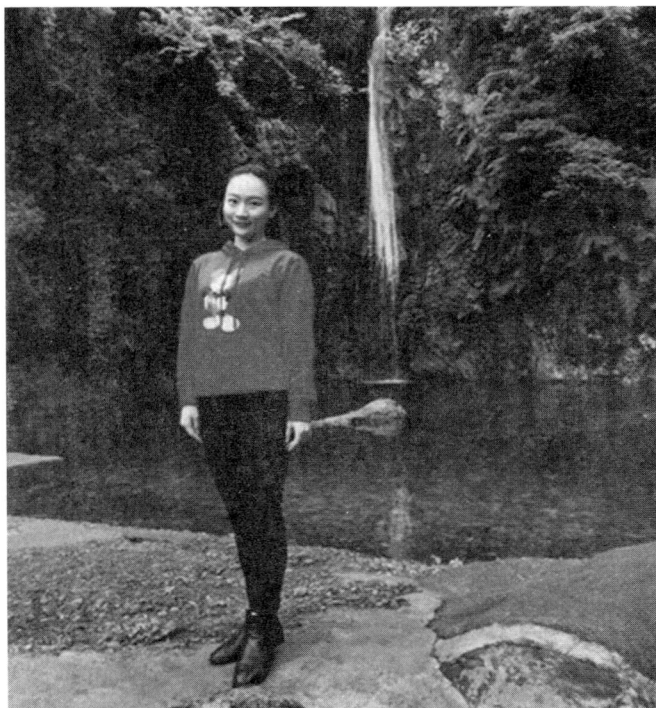

李佳工作中难得放松一下

乡村振兴的先锋者

作为党员,我时时刻刻不忘发挥先锋模范作用,努力推动乡村振兴工作开创新局面。在疫情防控期间,我村成立了蓝坊镇战"疫"阻击队蓝坊村分队。我积极号召党团员、退役军人、乡贤等带头在执勤点开展值守服务，不论风雨，不分昼夜，按照规范程序进行逐车逐人监测检查，每日登记车辆二百余辆，测量体温三百余人，还对居家隔离对象进行一对一贴心服务；发动身边的党员积极参与抗击疫情工作，捐款率达100%；采取"党组织+企业+基地+党员+农户"的发展模式，引领帮助群众因地制宜发展特色农业，积极推动本村更快更好进行复工复产，做到疫情期间乡村振兴不停步。在日常工作中，我主动参与"四带"、"三个一"、洁美家园、美丽乡村等活动，带动党员志愿者们认种一棵树、认扫一条路、认管一条圳；帮助群众种植特色农产品，聘用周边群众和贫困户共同助力产业发展；协助做好人口普查、贫困户入户核查、农村集体产权制度改革、"四好农村路"建设、农房风貌管控、农村户厕改造等工作，其中拆除废旧房屋、破旧厕所约700平方米，外立面改造约1700平方米，有效改善了村民的生活条件，实现了村容村貌的"净化"；助力自来水村村通工程实现户户通，维修水圳4处，解决了农田灌溉问题，有利于村民的劳作；通过实现路面硬底化，方便群众出行，打牢基础设施建设……就这样，一步一步，我在学思践悟中牢记初心使命，在细照笃行中主动担当作为，争当乡村振兴的先锋者。

李佳在蓝坊镇战"疫"阻击队蓝坊村分队工作照

服务发展的领路人

纸上得来终觉浅，绝知此事要躬行。基层一线，是青年干部了解实际、向广大人民群众学习的好课堂。驻村期间，我克服了食宿条件差、交通不便、信息闭塞等种种困难，沉住气、弯下腰，积极"走家串户"，与群众交流谈心，仔细了解他们的生产生活情况，做到想群众之所想，急群众之所急，忙群众之所需。2020年是决战脱贫攻坚和决胜全面建成小康社会的收官之年。在走访贫困户的过程中，我认真了解贫困户是否有稳固住房、有饮用水、有电视看、有医疗保障等，记下各户亟待解决的难题，结合镇、村政策规定，为其提供改进生产生活的建议。贫困户中不乏心态乐观、积极向上的中老年人，他们在谈话中对我的工作表示了肯定与支持，也提出了一些建议和希冀，他们温暖的笑容、勤恳的作风都是鞭策我不断前进的动力。其中，印象最深刻的是我挂点帮扶的对象握住我的手说道："你是我们一步步走向好日子的领路人啊！"

习近平总书记说过，每一代人有每一代人的长征路，每一代人都要走好自己的长征路。我们基层工作者，一定会怀着以梦为马、不负韶华的初心，路在脚下、心存远方的志气，心有灯盏、向阳而生的勇气踏实工作，无私奉献，尽自己的所能为老百姓服好务，走好新时代的长征路，为实现"两个一百年"奋斗目标贡献自己的青春力量。这样的青春，服务基层的青春，一定闪闪发亮，一定无悔初心，一定不负韶华！

创新创业

林小龙：智能零售网络的领军者，首创"F5 未来商店"，登福布斯精英榜

林小龙

公司简介：林小龙，华南农业大学工程学院电子信息专业 2011 届毕业生，"F5 未来商店"联合创始人，高级副总裁。在校期间曾进行两次创业尝试，后作为合伙人创立全球首间 24 小时智能无人便利店——"F5 未来商店"。2018 年荣登福布斯中国 30 位 30 岁以下精英榜（零售与电商领域）、2019 年获得胡润百富榜 30 岁以下创业领袖荣誉称号（新零售领域）；同时，"F5 未来商店"项目还荣获第五届中国"互联网＋"大学生创新创业大赛全国总决赛银奖。"F5 未来商店"是一家 24 小时封闭式的机器人便利店，是一种人工智能解放人力重复性工作的未来零售的新模式。"F5 未来商店"支持机器现场烹饪鲜食、冲调饮品和售卖包装食品，同时，取货、结算、库存盘点及部分清洁工作也由机器完成。

林小龙荣登福布斯中国 30 位 30 岁以下
精英榜

林小龙获得胡润百富榜 30 岁以下创业领袖荣誉称号

年少就爱"瞎折腾"，与"代码"结缘

林小龙出生在改革开放的前沿——深圳。小学六年级时，父母给家里添置了一台近万元的电脑。当时的电脑拖着笨重的 CRT 显示器，一方小小的、跳动着幽蓝色光芒的屏幕勾起了林小龙的好奇心。从练习打字速度到捣鼓各种软件，再到使用 DOS 指令重装系统……电脑中的"密码"在林小龙心里燃起了求索的火苗。

高中以后，新兴互联网开始起步发展。当同年的同学埋头于成堆的卷子时，林小龙摸索起编辑图片、剪视频、做网页，一点点了解和深入这个领域。大学时期，与代码为伴便成了林小龙日常的生活状态。林小龙不打游戏，不追剧，没有什么兴趣爱好，每天就扎在比赛和组织的工作里，就连林小龙都觉得自己是一个很"无趣"的人，网页设计、视频剪辑占据了大学生活的大半。当身边的同学还停留在刚升入大学的懵懂状态时，林小龙凭借着网页设计的优势转战到新浪实习的战场；而当同学们在毕业季为了找工作焦头烂额时，林小龙早已顺利收到了腾讯广州研发部的入职通知。

在腾讯广州研发部工作时，林小龙遇见了知人善用的导师和器重自己的团队领导人，林小龙借用阿里巴巴集团学术委员会主席曾鸣的点线面体理论来描述自己在腾讯的这段经历："自己是一个勤勤恳恳、积极向上的'点'，遇上了非常器重自己的领导及无比重视用户体验的团队的'线'，搭上了奇迹般的产品微信和七星级产品 QQ 邮箱的'面'，进入了高速发展的移动互联网新兴经济'体'。"在腾讯高强度的工作节奏下，林小龙的综合能力快速提升，也为后来的创业奠定了基础。

福布斯精英榜下的 300 万学费

对林小龙来说，荣登福布斯中国 30 位 30 岁以下精英榜（零售与电商领域）和荣获胡润百富榜 30 岁以下创业领袖荣誉称号（新零售领域）并不是一蹴而就的，因为"F5 未来商店"并不是林小龙的首次创业。在此之前，林小龙经历了两次创业失败，"做垮了两家公司，交了 300 多万的学费"。2014 年，真维斯活动中心

不到 100 平方米的办公室里，挤满了华南农业大学（以下简称"华农"）最早的一批创业者。带着创业梦想回到校园的林小龙，召集了华农十几个在校学生，在这里孕育了第一个创业项目：卓效智慧校园。

卓效团队基于微信平台，开发出在线查课表、360 度看校园、提前选宿舍、图书馆查询等一系列应用；策划的"华农到底有多大 H5""全景看校园"等活动多次刷爆朋友圈。

与此同时，林小龙的第二个创业项目——"爱分享"也紧锣密鼓地上马了。

2014 年年底，"爱分享"顺利获得了 300 万元融资。残酷的是，因联合创始人需全职投入项目中，"卓效智慧校园"项目不得不中途停止，团队部分成员并入"爱分享"。2016 年 2 月 14 日，"爱分享"团队凭借"晒结婚证"应用，创造了日增用户过百万、传播量过亿的奇迹。然而，"爱分享"虽然手握巨大流量，但变现困难，最后也以失败告终。林小龙的两次热血创业就这样惨淡落幕。

两次创业做垮了两家公司，交了 300 多万元的学费。一腔热血的林小龙被现实撞得头破血流，这不由得让林小龙开始自我怀疑，怀疑自己创业的追求和意义，创业的选择是否正确。"爱分享"散伙后，林小龙沉寂了三个月。这也是林小龙过得非常痛苦的三个月，但林小龙从来不后悔自己对于创业的选择。在学校创业的几年，林小龙感受特别深，跟一群"技术宅"在一起，每天为了完善一个漏洞，打一个补丁，测试一下网络压力，做一波推广，团队都绞尽脑汁，这也为林小龙后来的第三次、第四次创业打下了基础。在无数次失败之后，林小龙与团队终于找到了风口，抓住了技术创新的尾巴。

找到风口，开始第三次创业

林小龙处在低谷期之时，"F5 未来商店"创始人徐海成向他抛出了橄榄枝。"F5 未来商店"是一家 24 小时机器人便利店，店内无需服务员，所有烹饪、冲调饮品、取货、结算、库存盘点、清洁工作均由机器自动完成。林小龙作为合伙人加入团队，命运的齿轮重新悄然启动，这次，幸运之神似乎开始眷顾他了。

其实早在 2014 年 10 月，第一家具备鲜食能力的机器自动化无人便利店"F5未来商店"便已落地，那时候很少有人关注无人零售，这给了林小龙和团队很大的空间。联合创始人徐海成最早因为机缘巧合在工厂里开了一个便利店，表面上看起来很挣钱，但是算下来并不挣钱，一个小店就请了 13 个人。所以他想这东西能不能做成自动化减少人力，于是做出了一组大型自动售货机。当时徐海成的一个朋友正好在佛山经营连锁便利店，徐海成请朋友来看，看完有意思的事情就发生了。

徐海成的朋友跟他说："你卖这些东西是没法挣钱的，挣钱都是靠鲜食。毫不夸张地说，如果将 7-ELEVEN、全家的小餐车拿掉，大部分的店是要关门的，因为这种现代便利店超过 50% 的营收来源于鲜食。"

不久，"F5 未来商店"在佛山的第一家店正式落地，第一家店就已经包含了一个现场烹饪鲜食的机器，只是当时的品类比较有限，只有车仔面和鱼蛋这两种。而且由于当时移动支付尚未普及，"F5 未来商店"激起的水花寥寥。机器设备已经迭代到第九代，已经能够覆盖到大家常见的粥、粉、面、饭、小吃等多种现制鲜食品类。

不随市场大流，潜心重组软件和搭建系统

2017 年，在"F5 未来商店"项目开始两年后，马云的无人超市掀起了无人零售的热潮，大量的资本涌入这个行业，风投到处寻找无人零售的项目，资本如潮水一般席卷全国。一时间，缤果盒子、猩便利等无人便利模式如雨后春笋般冒出，拿到了钱，便到处跑马圈地，到全国的各个城市开店，大规模铺开，更甚者在一百多个城市开设了店铺。那个时候林小龙与团队就有一种很强烈的感觉，就是他们可能要火了。果然，资本找到已经打磨了两年的"F5 未来商店"，要求同样的做法——大规模铺开。然而，林小龙和团队有自己的坚持，他们对新零售有自己的一套看法，不同意投资人在单店模型还不成熟的情况下，就冒进地开始规模化。因为林小龙觉得自己做的还是零售生意，所以单店模型特别重要，因为单店跑不通，盲目扩张就非常危险。他认为便利店的核心其实就是前面两个字：便利。林小龙觉得消费者可能会为了一杯星巴克，开车 30 分钟前往店铺购买，但消费者绝对不会为了一瓶水、一碗鱼蛋多走 200 米，所以林小龙认为便利店的核心是需要有足够密的网络，才能形成足够便利的可能性，"F5 未来商店"要以更小的一个颗粒度进行截流，这是他们希望去做的定位，并非全国各地去开店，而不考虑地区密度和需求。

"F5 未来商店" 华农店

《每日经济新闻》栏目对"F5 未来商店"进行报道

2018 年，无人零售热潮余温未散，资本却渐渐感受到了压力。各个创业者跑马圈地后，钱用完了，却发现运营跟不上，运营跟不上，供应链就会出现问题，这就形成了一个恶性循环，钱用完了，新的投资却没那么容易拿到，资金链面临断裂的危机。2018 年年末，网络上一篇文章——《烧光 40 亿后，他们彻底沦为资本市场的牺牲品》，资本圈在宣告：无人便利店已死。然而，这一年，"F5 未来商店"的征程才刚刚开始。早在项目开始的时候，林小龙作为合伙人加入团队后，就着手进行软件团队的重组。经过三个月的封闭开发，一整套基础扎实的软件系统重新被搭建起来。

在行业火热退散、萧条一片的时候，"F5未来商店"在林小龙、张亚飞等人的技术攻关下，完成了第八代机器的更迭。多年来，大量单店的数据使得单店的模型得到充分的验证，开始了真正的扩张之路。

"颗粒"化的零售网络，九代更迭开启规模化之路

林小龙和团队基本上不太标榜"F5未来商店"是一个无人店，更希望其展现出来的是一个"餐饮＋零售"的空间。对于零售这个领域，无人能够降低运营成本——人力成本很多时候是倒挂的，甚至比租金成本更高。整体来说，林小龙觉得"无人"并不是他想去做的核心，他觉得更重要的是在商品的每一个流动环节，消费者的每一个行为，它都有机会数据化。林小龙希望能够通过自动化、数据化的方式，让零售的颗粒度切得更细，去到更多地方，因为更细的颗粒度会对大颗粒度进行截流。当颗粒度切得足够细，离消费者足够近、足够方便的时候，它就能够产生额外的消费需求。所以小颗粒的零售网络，林小龙认为是有高价值的。每一波技术浪潮都会带来千亿级公司的机会，他认为这种数据化跟零售的结合是具备重要意义的，数据化本身就是在做降本增效，让零售企业的边界扩得更宽，下沉到更多地方去。

"F5未来商店"门店

历经九代更迭的"F5未来商店"愈加成熟和智能化。走进40平方米的店面，消费者面对的是一块块电子屏幕，商品货架隐身于屏幕之后，忙碌其间的是多条机械臂。它们从前台获得指令，并精准地从约5000件商品中抓取消费者所购买的商品，整个过程不超过10秒。而靠机械手和算法调度制作鲜食，更是"F5未来商店"的核心科技。下单后72秒钟内，消费者就可以尝到机器人"大厨"做的熟食，媲美小型中央厨房。除了烹饪、取货外，结算、库存盘点、清洁工作均由机器自动完成。

在2018年的资本寒冬中，"F5未来商店"吹响了进攻的号角，林小龙和团队开始了对广州、深圳、佛山三个城市的战略布局，从CBD场景的琶洲保利店、绿地中心店、TCL大厦店、国际E城店，到工业园区场景的龙华富士康店、观澜富士康店，再走进校园开设华南农业大学店、中山大学店、华南理工大学店、广州科技职业技术大学店。林小龙和团队在广深佛三地开设了50多家门店，成熟单店日销售额1.9万元，基本上两个月时间就能回本。"F5未来商店"掌握着数十项核心专利，凭借人工智能与自动化在无人零售行业抢占一席之地。2019年，"F5未来商店"的征程刚刚开始，未来可期。

与"偶像"一起创业，成为别人眼中的偶像

2007年，时任谷歌全球副总裁兼大中华区总裁的李开复到华南农业大学办了一场演讲，主题是"我学，我成长"。当晚，华山学生活动中心里里外外被慕名而来的学生围堵得水泄不通，设在教三的视频转播分会场也从下午4点开始就要"抢位"。大一的林小龙没有拿到票，他被人潮挤在门外，全程站着听完了演讲。

在演讲中，李开复分享了自己关于"时间管理、选择、创业、挫折应对"等问题的见解。从那时起，这位商业传奇在林小龙心中就是"神"一般的存在。他做梦也不曾想到，十年后，自己联合创立的"F5未来商店"能拿到李开复创新工场的3000万元融资；两人在店里并肩而坐，一起品尝机器人"大厨"制作的热腾腾的牛腩河粉。

李开复体验"F5未来商店"

2018年11月，林小龙作为华南农业大学工程学院60周年院庆特邀校友重返母校。这一次，他是站在聚光灯下的演讲人。会场外下着雨，伴有闪电划破夜空。从台下年轻人无畏的眼神里，他仿佛看到了曾经的自己。

创业心得

入选福布斯精英榜后，林小龙的手机一度被四面八方的道贺信息"轰炸"，但很快他的生活重归平静。"创业者真正追求的并不是这种外在的东西。"对于林小龙来说，入选福布斯精英榜不是一个里程碑，而是另一个起点。创业过程中，每天都会面临机遇和挑战，林小龙经常用"创业维艰，奋斗以成"来激励自己，专注于智能新零售，打造出24小时营业能够自主制作百种鲜食的F5未来商店，是一件很有成就感的事情。

专家点评 | 曾懋 慧科教育科技集团副总裁、中国教育创新校企联盟（产盟）秘书长

小龙和他的团队完成了一件伟大的创举，成为无人智能零售疯狂之后为数不多的幸存者。马云看到了无人智能零售的大趋势，但是马云和阿里巴巴优秀的团队、近乎无限的资金和资源、巨大的流量依然不能成就这个伟大的商业构想。小龙的睿智、沉稳和对行业深刻的理解将带领F5一路狂奔升级为行业领袖。

（文：华南农业大学工程学院；图：林小龙）

朱雅：努力 专注 创新 感恩

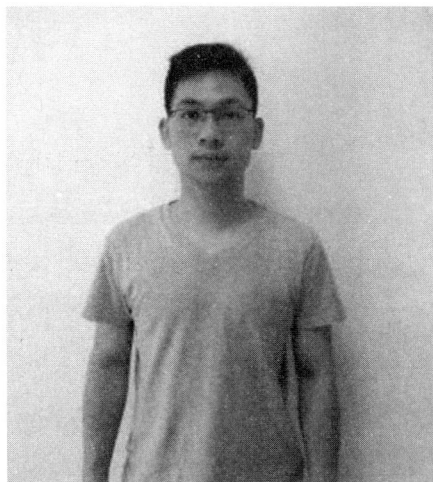

朱 雅

公司简介： 广州创龙 (Tronlong) 电子科技有限公司始创于 2013 年，是国内领先的嵌入式产品平台提供商，业务主要涵盖工业核心板、工业评估板、项目服务和教学实验箱，总部设在广州科学城，并在北京、上海、深圳、西安等地设有业务及技术服务中心。

Tronlong 专注于 DSP、ARM、FPGA 多核异构技术开发，是 TI、Xilinx 中国官方合作伙伴，产品线覆盖 TI C2000/C6000/DaVinci/Sitara、Xilinx SPARTAN/ ARTIX/KINTEX/ZYNQ 等处理器系列，产品平台广泛应用于工控、电力、通信、仪器仪表、医疗器械与图像音视频等领域。

Tronlong 以"提供高可靠性产品、快速响应需求和有效解决问题"为宗旨，已成功帮助超过 12000 家工业客户完成产品的快速开发与上市。

朱雅在第一届粤港澳大湾区大学生创新创业项目对接洽谈活动中发言

（图片来源：首届粤港澳大湾区大学生创新创业项目对接洽谈活动在我校举行 https://www.
scau.edu.cn/2017/1224/c1300a66025/page.htm）

从"零"到"一"，只因热爱与专注

高中时期的朱雅，已经对电子信息展现出浓厚的兴趣。高一时他按照课本上的工作原理，自己动手做出了发电机模型，并成功点亮电灯；高二时他已经自学了大学高等数学和物理全部课程。一次，晚自习时老师巡堂发现他在看课外图书觉得疑惑，询问原因，朱雅的答案很简单："我热爱数学和物理。"

热爱与专注，使得学生时代的朱雅掌握了扎实的专业知识，这也是创业时代的朱雅坚持下去的动力。

朱雅（右三）参加学校创新创业论坛活动

2012 年,刚刚参加完华农毕业典礼后的朱雅,选择入职一家电子公司。半年后,朱雅放弃了在当时算是不错的起步薪资,决定创办自己的公司。没有人脉,没有成熟的技术,公司就像羽翼未丰的雏鸟那样脆弱,运营艰难可想而知。回想起这段经历,朱雅却显得云淡风轻:"别人可能会觉得我们特别苦,但是一天天就熬过去了,看到公司一步步成长起来,那又是特别幸福和开心的时刻。"公司成立至今,朱雅依旧专注于技术研究,并使用技术理论指导着公司的经营方向。

公司成立 1 年左右,技术取得重大突破,公司盈利破百万元。在普遍急功近利的时代里,朱雅坚守着心中的"工匠精神",因为他对行业有着自己的理解:"这个领域门槛之高在于需要投入大量的时间和精力,因为沉下心长时间专注地做一件事情是很难的。"

用创新驱动创业,用创新引领时代

2013 年,创龙推出了第一款 TI OMAP-L138 开发主板,国内绝大部分 OMAP-L138 开发者已使用,因此公司获得了创业的第一桶金。也正是瞄准了异构多核的市场及潜力,创龙用创新性的思维研究出了 DSP、ARM、FPGA 三种不同架构融合在一起的开发主板,使得创龙在嵌入式这一领域独树一帜,成为行业竞相模仿的对象。

创龙第一款异构多核产品

成立至今，创龙已推出了 20 多条产品线，产品平台广泛应用于工控、电力、通信、仪器仪表、医疗器械与图像音视频等领域，并获得了科技创新小巨人、高新技术企业等荣誉证书。

企业荣誉　　　　　　　　　　　　　　　　　　　**管理体系认证**

专利证书

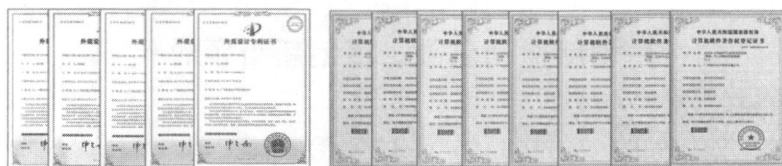

创龙获得的荣誉证书

没有华农，就没有今日的创龙

朱雅的另一个身份是华南农业大学电子工程学院广州校友会会长。

2013 年 4 月，公司创建伊始，困难重重。面对看不见尽头的投资研发周期，几个期望大展宏图的年轻人迷茫了。就在这时，母校向他们伸来了橄榄枝。很快，公司搬入了学校真维斯创业孵化器办公，得到学校支持，团队解决了后顾之忧。回顾这段历史，朱雅动情地说："没有华农，就没有今日的创龙。"

创龙从真维斯搬出去后，朱雅拥有了自己的办公室。装饰办公室的时候，他请人在墙上挂了华农的校训：修德　博学　求实　创新。他并不希望别人将此举看作表达对母校的热爱，在他看来，把校训挂在墙上，仅仅是因为这短短的八个字一字千金，能够激励到他。无论为人，还是处事，朱雅都将这八字校训铭记于心。"每个华农学子都能背出校训，但是真正理解它的人其实很少，它其实饱含哲理。"

创龙总部的工作区

如今，公司位于广州的总部，有超过一半的员工毕业于华农。

2015 年 12 月，广州创龙正式成为华南农业大学校级实践教学基地。学校老师会组织有创业意向的学生到创龙参观学习，作为创业前辈的朱雅总是热情地为师弟师妹们答疑解惑，每年也有众多华农学子到创龙实习。

华南农业大学领导莅临指导暨创新实践基地揭牌

创业心得

朱雅觉得，自己的创业路总结起来就是三点：一是创业艰难，奋斗以成。只要方向对了，就不怕路远，并为之而努力，终究会有回报的。二是感恩社会，感恩时代。母校的大力支持和老师们的悉心指导，是我们创业路上所拥有的最大财富，同时也应该感谢这个时代和社会给我们带来的全新机遇、更加公开的创业资源、更加公平的竞争环境、更加开放的国际视野，让我们处在一个前所未有的"大众创业，万众创新"的浪潮之中。三是坚持创新，踏实做事。用创新驱动创业，用创新引领时代，是我们一次次翻山越岭、刷新企业发展的源动力。朱雅说，为了迎接时代日新月异的进步，我们不断推陈出新，力求在传统产业注入时代的思想。在不断迎接挑战与困难的同时，踏实做事是发展进步的核心。认真设计每一个产品，真诚对待每一个客户是企业赖以生存发展的基本因素。

专家点评 | 林钻辉 华南农业大学创新创业学院副教授

朱雅是广东省茂名市电白人，也是我校创新创业的典型。2013 年公司成立至今，从当初的学校真维斯创业孵化器办公，到现在落户广州科学城，成为广州市黄埔区高新技术企业。从当初的一款产品，到现在的三十几款产品。他们始终在用创新型的思维来钻研技术、培育产品，走在科技的前端，并在嵌入式领域占有一席之地。他们也怀揣感恩之心，为更多拥有创业梦的学子提供实习的平台，也愿意分享他们的成功之道。希望他们能一如既往以科技兴国为己任，用科技造福社会。

（文：林梓楠 黄 文 图：朱 雅）

张铁丹：美女博士创业打造微生态护肤品

张铁丹

公司简介：广州万物生健康产业有限公司成立于 2015 年，专注于微生物活性产物主题，推出一系列富含天然活性成分的天然护肤产品。公司以锁定微生态技术为核心，利用乳酸菌、酵母菌、食药用真菌等益生菌系不断开发活性产物，形成全新的、以食品安全＋生物科技＋微生物发酵＋天然活性提取工艺为基础的零添加护肤品产业。已有三项专利转化在产品中，打造全国首个微生态无添加美妆品牌——万颜。

"万颜美妆"由人称"铁博士""铁娘子"的张铁丹博士带队打造，由十多名教授、工程师、博士、硕士组成的专家研发团队，凭借先进的理念、丰富的经验，将多年研发成果应用于护肤品之中，秉承"专业、诚信、共赢"的核心价值观，致力将"万颜美妆"打造成为微生态美妆领域第一品牌。

张铁丹接受南方卫视记者采访

张铁丹接受广东电视台记者采访

由食安到妆安，"铁博士"载梦前行

　　追求完美的张铁丹，硬是把 3 年的博士读成了 6 年，遵行实践主义的她，放弃了出国深造和高校任教的美好机会，毅然选择前途渺茫的创业，并且是看起来毫无竞争力的"国产护肤品"。这一切看起来是那么的不可思议！她的故事或许要从 2008 年说起。

　　2008 年中国奶制品污染事件让张铁丹陷入沉思："安全"这个最基本的问题该如何保障？或许由于一时的"愤怒"，2009 年，她报考了华南农业大学食品科学专业，试图通过专业深造，找到一个科学合理的答案。正当她探寻各种天然添加剂在食品中的应用，并取得一定成果的时候，一则更触目惊心的消息映入眼帘，

"26 岁姑娘变'荧光脸',夜里吓到自己以为鬼上身",姑娘因此两次自杀……化妆品的安全问题第一次在张铁丹的心中掀起巨浪,自己用了十几年的东西居然也不安全?生性干练、爽直的张铁丹迅速深入调研,这才发现,原来荧光剂事件仅仅是冰山一角,激素滥用、铅汞超标、乙醇超标、矿物油等各种"美丽"的伤害几乎每天都在发生,这让爱美的"铁博士"忧心忡忡。爱美是人的天性,可是美丽背后的代价却如此沉痛。

此时,张铁丹的论文方向是"微生物代谢的天然活性产物的研发与应用",这个技术原本是应用于食品领域,用来提高食品安全等级的。那么这些活性物是否可以用于化妆品,同时解决化妆品的安全问题呢?张铁丹陷入了思考。很快,经过与导师反复探讨,不断试验,张铁丹尝试用这些活性物质替代传统的化学添加剂来制造护肤品。令张铁丹惊喜的是,研究结果发现活性物质不仅能替代传统的化学添加剂来制造护肤品,而且经测试,这些活性物质对于调理肌肤微生态平衡的效果非常出色,由此,微生态绿色护肤的雏形在实验室里悄悄诞生。

迎"创"风,踏赛程,建万颜品牌

2015 年,张铁丹从华南农业大学食品学院博士毕业。这一年华农创新创业学院也正式成立。于是张铁丹带着她的梦想和有着同样梦想的小伙伴,入驻华农创新创业学院的孵化基地,成立广州万物生健康产业有限公司,并注册独创品牌——万颜。

在公司的起步阶段,张铁丹与团队参加了一个又一个的比赛,并赢得各种奖项:创青春全国大学生创业大赛全国铜奖、广东省金奖;第二届"互联网 +"创业大赛全国铜奖,广东省银奖;第四届"赢在广州"大学生创业大赛三等奖;第三届广州青年创新创业大赛优胜奖。张铁丹的创业故事也被《南方都市报》、南方卫视《城事特搜》《百业资讯》等栏目进行专题报道,还被《人物有约》访谈栏目邀约作为嘉宾分享创业故事。借着创业大赛平台的宣传优势,万颜开始引起各界关注,有了第一笔订单、第一个好评。

万物生团队获得"赢在广州"三等奖

万物生团队参加《创业英雄汇》选拔赛

科技创新，只做唯一，打造"可食用"面膜

万颜系列护肤品的研究理念源于生物科技的广泛应用。通过研究不同微生物代谢产生的天然活性产物的特性，将其进行合理改造、复配应用于护肤品行业，以此来替代护肤品中的昂贵植物成分及不安全添加剂，这样不仅可以降低护肤的成本，提高护肤效果，还能提高护肤的安全等级，真正做到无添加绿色安全护肤。然而这些技术在食品、农产品、药品等领域中应用比较成熟，在护肤品中的应用研究较少，缺少前面的基础研究，让万颜的产品开发过程漫长而艰难。

张铁丹与研发团队历时 17 个月推出第一代产品——八无添加面膜。当时市场上多为三无添加产品，而万颜的技术人员们把无添加指标从 3 项提高到 8 项。即无荧光剂、激素、乙醇、铅汞、人工合成香精、矿物油、人工合成色素、尼泊金酯类防腐剂，利用微生态科技提升产品安全性、稳定性和货架期，成为业界的唯一。由于万颜的安全级别高，即使是孕妇或处于哺乳期的女性均可放心使用，因此被粉丝们昵称为"可食用"的护肤品。

万颜部分产品

张铁丹与广东省广州市黎明副市长交流企业发展现状

拒绝顺势，逆向而行，把客户变成业务员

第一代产品面世不久，张铁丹就遇到了新的挑战，由于万颜产品结构单一，无法满足客户多元化的需求，加上品牌宣传力量薄弱，导致客户信心不足，开始出现客户流失的情况。加之网红、微商、短视频等商业模式的迅速崛起，市场风云突变，张铁丹陷入了竞争的洪流中。对张铁丹来说，要么向外行走，顺应市场趋势，重资投入在营销广告上，要么坚持初心，深耕产品，把钱花在研发上。而有限的资金如何使用，更是一个关乎万颜未来生死的选择。

经过慎重的思考，张铁丹决定坚持初心，做自己擅长的事。一方面升级产品，细化产品线；另一方面组建自己的营销团队，搭建平台自救，把每一个消费者变成万颜的业务员，把广告推广的费用回馈给客户，目的是让每个客户都变成代言人，这就是万颜至今仍在使用的"代言人计划"。

在产品的销售过程中，万颜的客服们从上万条调研反馈中，分析出南北皮肤的差异、环境影响等对皮肤的影响，研发团队则根据调研结果细化产品类别，完善产品结构，不到两年，万颜产品已丰富到了 12 种，涵盖了基础护肤所需要的全部品类，牢牢抓住了消费者的需求。2017 年，万颜的市场开始有了突破性进展。代言人数超过 3000 人，遍布全国 18 个省市，2017 年"双 11"当天，万颜平台成交额达 30 万元，逆势突围，终于实现了盈利。

跨出国门，绽放中国生态美

2017 年，万颜生态美的理念被温哥华国际时装节栏目知悉，在通过对方考察和沟通后，万颜被选为温哥华国际时装节的指定护肤品。万物生团队受到加拿大 British Columbia 省议员暨省议会副议长 Richard. T. Lee 的接见和认可。同年，万颜在温哥华面世，由于产品卓越的功效和认真严谨的科学态度，深受当地消费者的喜爱。多位时尚模特等人更是主动为万颜代言，打通了万颜走向国际化的通道。

Richard T. Lee 副议长发来的感谢信

万颜在温哥华国际时装节参展

创业心得

张铁丹坦言万颜过去很艰难，未来还会更艰难，行业都在奔跑，而我们在思考。不是不着急，而是不想错，不是一定要赢，只是不想输。她说自己认真地思考过，让企业走得更远的路是什么？应该是行走在希望里，发现别人的需求，并满足这个需求。她是如此想的，也是如此做的。把科技带进百姓生活，推动无添加事业的发展，催化国产美妆行业向高科技方向蜕变，让每颗爱美的心得到最好的呵护。

张铁丹说，万颜传播的不仅仅是一种护肤科技，更是一种情怀，如果有一天万颜可以实现改变行业现状的梦想，希望不是因为我们的技术或产品，而是因为一种对生命尊重的态度和永恒的使命感。

专家点评 | 林俊芳 华南农业大学食品学院教授

张铁丹博士是我指导的 2009 级博士生，她思想活跃，创业欲望很强，博士还没有毕业就开始创业了。她的博士研究课题是益生乳酸菌产抗菌活性物质筛选鉴定及其特性研究，本来的研究目标是希望开发出安全的新型食品防腐剂。她针对化妆品当时存在的添加不安全防腐剂的问题，把我们研究的微生态控菌益生理论和开发的微生态制剂应用到化妆品上去，开发了"万颜"微生态美妆品牌，建立了"广州万物生健康产业有限公司"。迄今，"万颜"微生态美妆品牌已经得到了消费者和社会的认可，参加的学校、广州市、广东省、全国（教育部、人力资源和社会保障部、中国科协、全国学联、团中央）的创业大赛都获得了奖项。当然，创业是很辛苦的！不过，铁丹创业热情高，有闯劲！我祝福她，也相信她会取得更大成功！

（文：华南农业大学食品学院 蔡巧梅 吴惠莉 图：张铁丹）

张晓宁：与虫为伍，用自然教育让孩子走进自然

张晓宁

公司简介：广州雨虫教育科技有限公司，简称小顽虫团队，成立于 2018 年 11 月，现已注册微信公众号"小顽虫"和建立"小顽虫"品牌；小顽虫团队以华南农业大学博士张晓宁为核心成员，并融入了中国科学院等国内其他院校毕业的优秀人才，依托华南农业大学创新创业孵化基地，开展项目运营。

小顽虫团队是一家专注于将科学性、知识性、趣味性及参与性有机融为一体的自然教育全产业链服务商，公司致力于打造小顽虫 IP，成为有爱、有料、有趣的自然教育专家，为 3～15 岁的儿童和青少年提供以自然为基础的科普教育活动、网络教程、课程设计、展馆展陈策划、自然教育营地规划设计、环境解说规划及自然解说培训等业务，并自主设计自然教育创意产品。

自然教育，助力孩子找回童真

对于张晓宁和团队来说，致力于开展儿童的自然教育是一件极其有意义的事情。目前，青少年普遍存在自然知识缺失和缺乏环境保护的意识，创新思维和创造力也比较差，使得教育回归自然变成一种趋势和需求。张晓宁和团队的愿望就是让中小学生脱离题海书山，逐渐走进和走近自然，在自然环境中体验和学习，帮助他们认识自然、了解自然和保护自然。

张晓宁和团队通过搜集大量资料发现。2005 年，美国作家理查德·勒夫

（Richard Louv）在其畅销书《林间最后的小孩》（英文原名：*Last Child in the Woods*）中首次提出"自然缺失症"（nature-deficit disorder）。自此，"自然教育"这一概念和行动走入大众视野，和以往备受关注的环境教育活动相融合，也在向特色化、针对性发展。此外，不同国家在自然方面的教育名称有所不同。

"自然缺失症"并不是医学上的诊断性疾病，它只是一种现象，是指由于孩子缺少与大自然的接触和互动对成长带来的一系列不良影响。"自然缺失症"是可以通过家长的努力去改造和弥补的。带着这些发现，张晓宁和团队设想，如果我们的户外场地没有这么多人工玩具和教具的话，孩子们会怎么玩呢？这就是简单和丰富的意思，有的时候环境简单点，人造玩具少些，对于孩子来说不一定是件坏事。反而孩子们会想办法怎么玩会更有趣，会根据环境去做成一个自己想要的东西，他们会去加工和组合，产生无限的创造力。

张晓宁和团队认为，现在的孩子缺少"自由"。孩子们的时间基本上被父母安排好，"被迫"上各种各样的辅导班；然而等孩子们真地走进自然中，家长们又怕孩子弄脏衣服以及怕不安全。基于这些情况的考虑，张晓宁和团队提倡"把生命还给自然，把童年还给孩子，把教育还给生活"的理念。近几年，我国的自然教育开始蓬勃发展起来。随着环境问题的日益严峻，为应对环境问题挑战的"环境教育"，开始将"人"作为"自然"的一部分重新思考，以改善"环境"作为教育的使命和目标。随着活动的开展，张晓宁和团队发现自然教育涵盖的内容非常广，体验性的活动不仅是对自然的体验，而且注重生活的体验和社会的体验。

专业所长，以虫为爱走进自然

张晓宁从本科学习期间就踏入了植物保护专业，一直到硕士和博士阶段，都在与昆虫打交道。张晓宁曾就职于青藏高原自然博物馆，她在博物馆的自然解说及科普教育深受孩子们的喜爱；此外，超过十年的野外科考经验，使得张晓宁非常熟悉昆虫识别和野外真菌识别。在这十几年中，张晓宁接触自然，认识自然，更加意识到人与自然之间的关系。出于对自然、对昆虫的热爱，张晓宁萌生了做自然教育的想法。

缘分是很神奇的东西。2018 年，张晓宁开始酝酿做自然教育，约了好友西南林业大学旅游管理学硕士周珍、中科院昆明动物所的侯清柏硕士及华农硕士葛振泰，经过短暂的交谈，几个人一拍即合成立了小顽虫团队，同时还邀请华南农业大学农学院的王兴民副教授作为专业指导老师加入小顽虫团队，共同学习和认识自然教育的理念，研究自然教育的开展模式，分析自然教育的市场。张晓宁和团队创立自然教育公司的初衷是希望能够把自己所学的专业知识和积累的经验，通过自然教育的方式传递给孩子们，带领孩子们快乐地探索自然，教会他们科学的研究方法，让孩子们学会观察、学会聆听、学会与自然和谐相处，并且能够在日常生活中培养爱护自然和保护自然的理念。

小顽虫团队成员合影

　　张晓宁和团队在做自然教育的过程中，始终坚持尊重、引导、趣味、科学的理念。尊重自然，尊重孩子，与孩子们平等对话，真诚倾听。引导青少年参与活动，培养他们的独立思维，鼓励青少年与自然建立联系，探索、发现、提问和尝试新事物，激发他们对自然的好奇心，通过体验构建知识，锻炼思维能力。同时，张晓宁和团队立足以趣味性激发青少年的兴趣，用科学的知识和思维，让参与者身临其境，创造实践，探索研究和感悟自然万物的变化规律。

　　张晓宁和团队在广东车八岭、南昆山和青海北山等地方举办了昆虫多样性、金龟酷虫赛、萤火虫季、高原粪金龟等营地活动，让参与者在有趣的活动中，收获快乐，走进自然。

自然观察夜探活动——观察高原林蛙

南昆山金龟子主题活动显微观察

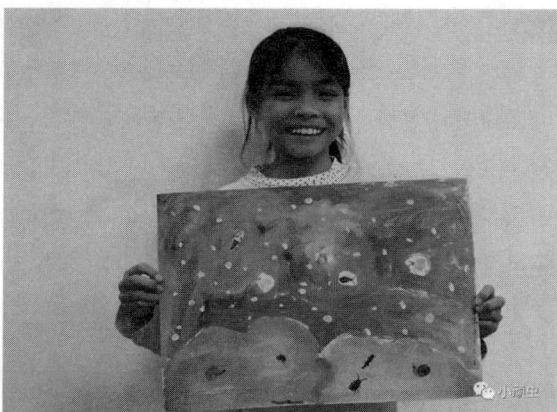

萤火虫主题活动自然观察笔记

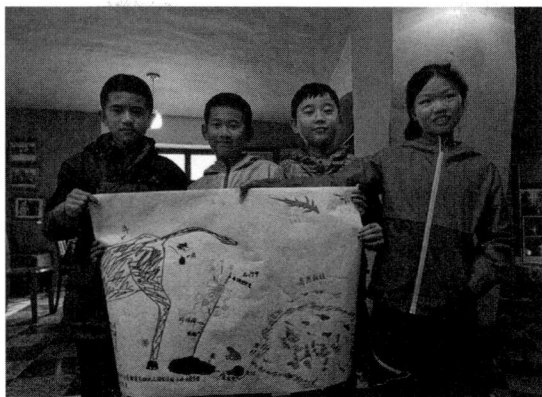

青海互助北山活动自然观察笔记

团队力量，让梦想触手可及

虽然小顽虫团队起步时间较晚，但是张晓宁和团队以专业所长为跳板，全身心地投入自然教育当中。他们的目标是建立一套完整的昆虫主题科普课程体系，考察和设立一批适合的自然教育营地，带领青少年和儿童真正走进自然，体验自然，以科学的方法和严谨的态度探索自然，培养孩子的科学思维和团队协作精神。张晓宁和团队对自然的热爱体现在行动上，他们每年有一半的时间行走于山野间，足迹遍布世界各地。

经过张晓宁和团队的努力，已开发出 3 个户外科普课程体系和 2 个公益科普讲座体系，策划了 8 场自然教育活动，开展了 4 次营地活动和 3 期科普讲座以及科普导师的培训。小顽虫团队也因此深受各地参与者的喜爱和支持。对张晓宁和团队来说，他们不想看到，在城市的"钢铁森林"里，孩子们听不到鸟叫声，看不到虫儿飞，只有动画片是童年的回忆，更不想看到孩子们沉溺于电子产品，各种培训班和辅导班使孩子们失去青葱岁月该有的想象力和创造力。虽然小顽虫团队未来需要走的路还很长，但张晓宁和团队相信，只要坚持初心，凝聚团队力量，努力传播专业知识，自然教育必定会遍地开花，给孩子们一个快乐的童年。

科普讲座——昆虫展览

科普讲座——显微观察

昆虫生物多样性调查活动：为车八岭自然博物馆
制作昆虫标本

昆虫生物多样性调查活动照

创业心得

广州雨虫教育科技有限公司成立以来，一年的心路历程起起伏伏，这一年是整个小顽虫团队的磨合期。团队有过激情，有过争吵，有过挣扎，同时大家都坚持不懈地努力着。创业真的很难，这是我们这一年最深的感受。完成一整套的课程体系和主题内容，需要查阅国内外各种文献资料。结合专业知识研发适合孩子们的自然体验课程，既要科学严谨，又要生动有趣，还要通俗易懂。除此之外，我们同样需要开拓市场，学习营销策略，记得第一次听到老师讲"IP"的时候，第一反应就是"网络中的 IP 地址"，想想肯定不是这个意思，回来之后直奔图书馆，借了几本书恶补这些商业模式中最基础的知识。每一期活动结束后，家长和小朋友们的反馈让我们激动满满和收获满满。在一期以萤火虫为主题的活动中，课程的内容涉及萤火虫的食性和生境，活动结束后一位小朋友能完全理解，并且在自然观察笔记中画出了整个内容，这让我们感觉到所做的一切都是值得的。每当疲倦的时候，我们又在这种感动中继续前行，默默地为每一次前行加油鼓气。小顽虫们，加油！

专家点评 | 王兴民 华南农业大学农学院副教授

张晓宁博士是为数不多的研究昆虫的博士，而且是女博士。以她特有的专业和执着，走上了看起来并不适合她的创业之路，搭建了小顽虫团队。小顽虫项目给来自城市的你我展示了世界本来的多姿多彩，小顽虫让孩子们，甚至是大人们回到自然，让人们陡然醒悟身边不仅是钢筋水泥、喧嚣的街道、手机中的虚幻，还有其他的精彩，热情而柔软！小顽虫团队非常有料，全部为相关专业的硕士、博士，是目前国内自然教育方面最专业的团队。团队已经为客户提供了多次的现场考察，团队不久将加强市场推广，提升运营能力，将内容系列化后，把更多乐趣带给"城市人"，成为自然教育行业最专业、最权威的供应商。

（图文：小顽虫团队　华南农业大学农学院）

蔡嘉荣："紫茶"茗香，梦想芬芳

蔡嘉荣

公司简介：蔡嘉荣为华南农业大学园艺学院茶学专业2019届本科毕业生，在校期间与其团队将"龙源2号"茶叶品种科研成果结合精准扶贫政策，于广东省内开辟多个有机茶园基地，带动周边农户脱贫。该项目曾斩获第三届中国"互联网＋"大学生创新创业大赛铜奖、省赛银奖、广东众创杯大学生启航赛暨"赢在广州"第六届大学生创业大赛银奖及2018年"挑战杯·创青春"广东大学生创业大赛金奖等不俗荣誉，在各类比赛中获得奖金合计数十万元。2017年10月，蔡嘉荣团队成立广州千道茶叶有限公司，以"生态有机，精品至上"为经营理念，主要销售各类优质茶叶，提供高质量的茶文化咨询及相关种养技术咨询培训服务，是一家以"公司＋基地＋农户"模式运作，集销售、研发和服务的综合型公司。广州千道茶叶有限公司通过线上加线下联动销售推广，着手开发新产品和拓宽销售渠道，以打造符合保健生态的高端名优紫茶精品为定位，走品牌化、经营化之路，建设产供销一体化茶叶企业。

茗香逸趣，潮汕小伙爱茶而研茶

蔡嘉荣是土生土长的潮汕人，自小耳濡目染潮汕饮茶文化与习惯，自然而然学会了泡茶、喝茶。兴趣使然，他选择华南农业大学园艺学院修读茶学专业，更加深入接触和系统了解自己喜爱的茶。2016年，蔡嘉荣与同学组建"个性化茶叶定制"团队，在专业老师的指导下，他们立足所学专业知识，进行初步市场调研，根据不同消费者所提的不同需求，聚焦茶叶挑选及茶叶包装设计，选用以华南农业大学自有茶叶基地生产的优质茶叶，联合相关设计人员，结合消费者特性提供各类茶叶并对应设计茶叶包装，满足消费者个性化茶叶定制需求。该项目获得年度大学生创新创业实践训练国家级立项，深受华南农业大学园艺学院、创新创业学院相关领导的重视和关怀。在老师们的悉心指引下，团队不断在实践过程中对项目进行打磨优化。

团队成员

《茶经》有云："茶者，紫为上。"因茶树紫芽、紫叶，故称紫茶。紫茶制成的茶叶具有炒米香气，口感鲜爽甘甜，茶汤饱满明亮，富含保健功能的花青素，对人体健康颇为有益，是茶叶中的稀有品种，具有成为绿茶名优茶和茶类保健品市场新贵的巨大潜力。团队成员在研究中发现一本地种紫茶，属于小叶种品种，性状表现为叶片小、植株矮，低产导致其自身经济价值无法有效体现，且在本地始终未形成规模化种植。团队指导老师刘少群博士大力支持他们所提出的从云南引种"紫鹃"紫茶品种到广东择优适应的设想。团队便同合作社协商获得一亩地建设育苗基地，开展紫茶新品种——"龙源2号"的选育工作。

"龙源2号"有机茶园一角

择优选育成功的"龙源2号"紫茶品种性状稳定、花青素含量高，适合广东大部分地区广泛繁育种植。截至目前，蔡嘉荣团队拥有自主研发、较惠州紫茶本地种产量高20倍的新型独有种质资源，已完成标准茶叶种植加工配套技术10项和有机种植标准建设茶园5亩，在"特殊种质资源培育、客家炒茶机械加工及有机种植"三大核心技术下，有足够的基础和能力形成新型的客家炒青名优茶产品，促进广东高端绿茶名优茶茶种更新扩充。

茗香助贫，创业之梦焕发公益光彩

农业产业周期性长，前期投入大且期间几乎无法产生收益。茶叶生长需要前期多年的资金投入，而紫茶树至少要三年生长才有茶叶产出。蔡嘉荣团队自筹数十万元投入育苗、基地建设及厂房设备租借，努力压缩人工成本以保持团队生存运转。经过深入综合讨论后，蔡嘉荣团队一致认定开展培训是其极佳的资金来源，且能以此为平台推广品牌。

咨询相关专家后，蔡嘉荣团队大胆提出建立全省紫茶种植示范点完成全省布局的战略，他们快速明确工作内容，详细讨论商定前期工作，立足"公司＋基地＋农户"的理念着力稳定龙头村，并以此为基点辐射全局，通过在全省范围内培训推广对接合适的扶贫点合作社合作建立示范点。蔡嘉荣团队坚信，只要紫茶达到一定市场，产品经济价值必然会产生更多茶苗需求。为积极响应精准扶贫政策，他们不断奔走，对各地扶贫模式进行深入学习，并切合实际情况建立合理制度：团队提出与当地润丰合作社结合，招收扶贫户，构建利益共同体，拟建"企业＋基地＋农户"模式，在扶贫点形成可复制、可持续的现代农业模式。团队科学地制定紫茶精品生产流程，由其牵头组织柏塘镇分散茶农，培训务工人员茶叶加工技术，定期开展生产技能培训班，按紫茶精品统一标准生产、采收和采后商品化处理，统一包装，统一使用同一商标品牌，统一组织协调销售，逐步把科研成果向市场进行合理转化。

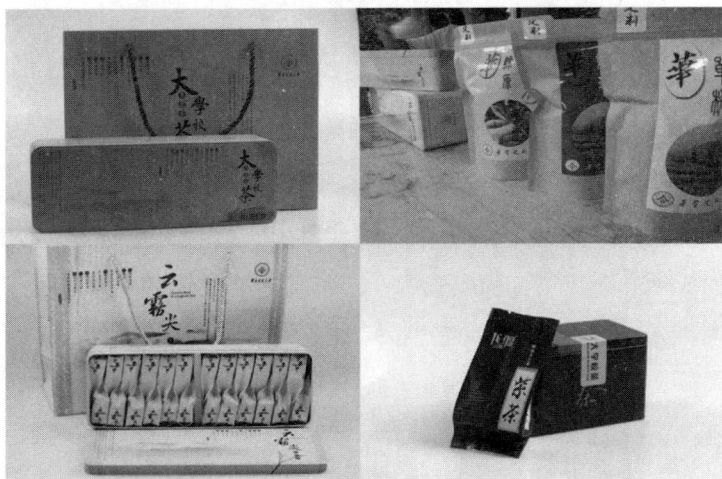

部分产品照片

事实证明，蔡嘉荣团队的前期大量推广取得了很好的效果，他们同位于江门、潮州的三个合作社达成口头协议，推广种植"龙源2号"建立示范点。成员多次为农民做茶叶栽培讲解，为山区农民带来技术，为他们带来可持续、可复制的产业模式。茶叶产业符合生态农业的要求，茶树是多年生木本经济作物，一次种植后的经济年龄达30年。建设良好的茶园，不仅可以给生产者带来良好的经济效益，而且有利于提高绿色植被覆盖率、改善生态环境，真正实现团队当初调整农业产业结构，发展山区经济的心愿。

蔡嘉荣团队以自主择优育种的新型优质"龙源 2 号"紫茶品种的硕大科学成果为基础，专业从事名优紫茶精品销售业务，辅之以后期的技术服务为主导优质茶苗输出；致力于打造茶叶精品，通过有机种植方式为消费者提供安全健康生态的紫茶产品。龙源紫茶创造的价值不单使团队成员受益，他们更希望通过紫茶精准扶贫使山区富裕起来。成员们风尘仆仆地在全省四处推广，在田地里陪着农户日晒雨淋，在大棚里有说有笑地吃着农家饭。紫茶芬芳在山区弥漫，沁人心田、暖人心脾。

茗香悠长，梦想之花不断绽放

2016 年是蔡嘉荣团队丰收的一年。两年的紫茶加工技术琢磨使得"龙源 2 号"干茶稳定产出，且保证其高端品质与出色口感。团队及时申报"龙源 2 号"新品种权 1 项、植物新品种保护 1 项及发明专利 1 项。各成员在科研领域分别实现突破，Scientific Reports 发表广东茶叶界点数最高、有关紫茶的文章一篇——Purple foliage coloration in tea (Camellia sinensis L.) arises from activation of the R2R3-MYB transcription factor CsAN1[刊号：SCIENTIFIC REPORTS（2045-2322）]。更值得一提的是，自 2013 年起，团队即牵头组织开展茶叶技能培训班带动茶农就业，同时联合华南农业大学茶叶扶贫专家组在全省推广茶叶技术，于全省合计建立十个茶叶扶贫示范点，涵盖江门、潮州、惠州等地，茶叶技能培训班现已培训农户合计 500 人次，带动茶农 280 人就业。

蔡嘉荣团队前期的大量铺垫工作为各成员的不懈坚持带来丰厚回报。2016 年，团队同广州市俊豪农业科技开发有限公司顺利谈妥达成第一笔购销合作。2017 年，在产出干茶逐年增多的基础上，为完善销售渠道，蔡嘉荣团队商定建立网上微商城平台，主要以寻求代理商，寻求商品输出为目的，通过微商城平台建立全省代理商网络，以示范点合作社为主要据点，构建商品销售新渠道；通过 O2O 分销模式向消费者提供健康生态的产品，有效利用互联网推广，扩大产品宣传范围，打破线下传统门店推广的地域性限制。

大赛平台是团队品牌宣传的另一绝佳策略。蔡嘉荣团队积极参与各项创业竞赛，优质的项目也得到积极肯定与认可，先后获得"创响华农"大学生创业比赛金奖、人气奖；第三届中国"互联网＋"大学生创新创业大赛省赛银奖、国赛铜奖；广东"众创杯"大学生启航赛暨"赢在广州"第六届大学生创业大赛银奖及2018年"挑战杯·创青春"广东大学生创业大赛金奖等优异成绩。竞赛中不断累积的创新创业经验不仅激发了团队对自己项目原有培训的深入思考，收获的数十万元奖金也为其创业提供了极大支持。

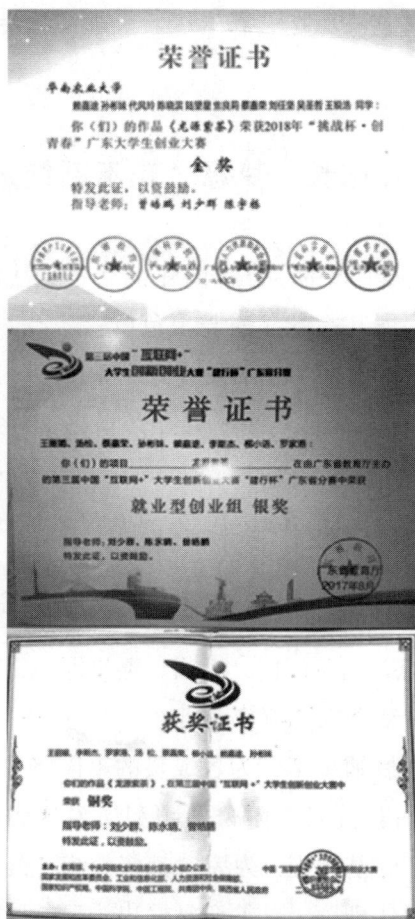

团队所获各项大赛荣誉证书

2017年10月，团队正式注册成立广州千道茶叶有限公司，开启创业新篇章。蔡嘉荣团队于华南农业大学校内泰山区一处租下店面，开始走规模化经营之路。

团队注重产品开发、新客户开发及原有客户维护，为消费者提供优质茶叶及舒适饮茶环境；科普相关茶叶知识；定期举办茶会或讲座；不定时开展优惠活动，提供场地租借等一系列服务。成立以来，公司蒸蒸日上，院校领导不时前来参观指导，相关企业家、投资者亦常来校内门店指导交流。

创业心得

世上无难事，只要肯登攀。创业不是一件随便的事，因为在创业的过程中，会从一开头就碰钉子，直至整个过程。但这是否意味创业永远不可能成功呢？蔡嘉荣认为答案是否定的。得益于其指导老师和创业团队，还有大家那颗团结、坚持的心，才能一步步走到今天。也正是团队通过科研技术力量，结合相关扶贫政策，以"公司＋基地＋农户"的模式，做优质健康的茶叶产品，获得了收益，也带动了贫困农民脱贫，在实现经济效益的同时也实现了社会效益，而且社会效益反过来促进经济效益，形成一个良性的循环。

专家点评 | 黄辉 蓝山创投执行合伙人　广东省投资发展促进会副秘书长

第一次见到紫色的茶汤是在"赢在广州"广东省大学生创业大赛决赛的现场，当时就打动了所有的评委，紫茶成了那一届创业大赛的银奖，把好多高大上的科技创业比了下来，创造了一个奇迹。紫茶项目是华农科研成果转化项目，创业团队从所学专业出发，具备一定的技术基础，有比较强的创新点，在品种培育、种植方面具有一定的优势。但是品种培育和种植只是整个创业过程中的很小部分，要让紫茶在竞争极为恶劣的茶叶市场成功突围还需要很多努力。其一，在茶叶制作和茶业品种选择方面，要选择一个既适合富含花青素，又要适合细分市场人群口味特点的紫茶品种；其二，在品牌建设上下功夫，增强紫茶的品种特色、地域特色（大部分茶叶品牌带有浓郁的地域特征），增加细分市场人群的黏性；第三，要做好知识产权的保护。成功需要更多的坚持和创新，下一个奇迹正在路上。

（文：蔡嘉荣 华南农业大学园艺学院 邝木子 郑培兰 潘振招　图：蔡嘉荣）

蔡蔚游：退伍大学生以"猪"为梦，助力生猪复产

蔡蔚游

公司简介：广州荷花农牧科技有限公司（以下简称"荷花农牧"）是以"互联网＋非洲猪瘟"防控平台为主体，对农户和企业进行线上指导和线下服务的公司。公司现已构建了线上非洲猪瘟防控平台；线下已有专业的生猪产业体系专家团队、先进高效的检测仪器和技术以及华南片区稳定的合作农户和企业。

荷花农牧主要提供以下 5 种服务：①线上发布关于非洲猪瘟的知识、最新消息和研究状况；②线上收集农户和企业的问题，并给予专业的指导；③提供样品检测服务；④专业人员下场进行现场考察和指导；⑤提供猪场复产、"拔牙式"疫情防控的方案以及相关消毒试剂使用方案，给猪场和相关企业提供专业的指导和优质的服务。

蔡蔚游取得国家执业兽医师资格证书

国内猪业受重创，退伍大学生立志养猪稳民生

1992年出生的蔡蔚游是一名退伍军人，身上有着军人有闯劲和能吃苦的特质。出于对兽医行业的热爱，加上其兽医专业的出身，专业知识扎实，临床技能娴熟，所以蔡蔚游一直致力于农牧行业的研究。

早在大学学习期间，蔡蔚游的"养猪梦"就已经生根发芽。在读研究生期间，蔡蔚游的主要研究方向为猪繁殖与呼吸道综合征病毒的流行病学调查与新型疫苗研发，这也让蔡蔚游与猪业结下了不解之缘。同时，在大学学习期间，蔡蔚游学习成绩优秀、实践能力强，积极参加华南兽医杯、全国大学生动物科学专业技能和全国农林高校"牛精英挑战赛"等各项比赛，并且在比赛中都取得了不俗的成绩，这也为蔡蔚游实现"养猪梦"奠定了基础。

蔡蔚游参加学术研讨会学习最新技术合影

在高考填报志愿的时候，蔡蔚游的第一志愿便是兽医，入学后的蔡蔚游更是通过自己的努力考取了执业兽医师资格证，去宠物店实习，去科研场所学习，去过养殖场实践，尝试过不同行业的蔡蔚游毅然选择了养猪业。我国有句俗语叫"猪粮安天下"，在我国生猪产业价值高达 1.5 万亿元（编者注：2019 年），然而 2018 年 8 月非洲猪瘟在我国出现，从此改写了中国养猪业的历史。这一事件引起了从事兽医研究的蔡蔚游的关注。蔡蔚游通过调查相关资料发现，当时生猪产业中能繁母猪同比下降 40% 以上，而非洲猪瘟事件的发生，更是使得全国的猪业遭受重创，想要恢复产能，最起码要 3 年时间。在我国，每年要消费约 7 亿头猪，能繁母猪产能下降 40%，意味着我国作为猪肉消费大国的民生问题面临重大的考验。一腔热血的蔡蔚游在全国生猪产业最混乱、最迷茫的时候逆势而上，决定以拯救猪业为理想，以猪业为归宿，立志成立一个为养猪行业服务的专业公司，荷花农牧应运而生。

在非洲猪瘟疫情常态化的大环境下，蔡蔚游创立的荷花农牧致力于规范生猪养殖产业和养殖技术，以帮养殖户和企业减少、避免生猪发病损失为目的，以振兴生猪养殖产业为己任，秉承"创新求精，风险求真"的价值观，与其他热爱猪业的奋斗者为我国生猪养殖业开辟一条新的道路。

现代化母猪养殖工厂实拍

三度选择养殖业，锲而不舍做兽医

蔡蔚游的"养猪梦"并不是一帆风顺的。当时在填报高考志愿，蔡蔚游选择兽医作为第一志愿时，遭到了父母的极力反对。蔡蔚游的父母跟大多数父母一样，希望自己的孩子外出读书，早日脱离农村的贫苦生活。在蔡蔚游父母的眼里，能走出农村读大学还回来养猪是一件没有出息的事情。然而，从小看《动物世界》的蔡蔚游早已下定了决心，投身兽医行业。

机缘巧合下，蔡蔚游在大学入学前保留了学籍，选择了参军入伍。2014 年，蔡蔚游退伍回来后，原本有政策可以选择转专业，但蔡蔚游坚守初心，毫不动摇。父母在得知蔡蔚游退伍回校后可以选择转专业但他仍坚持选择兽医专业时，蔡蔚游的父母一声声叹息，觉得难得的转专业机遇就这样子"被浪费"了。对蔡蔚游来说，选择兽医是因为这是他所热爱的事情，有着军人特质的蔡蔚游，只要认定了一件事情，那就是雷打不动的。在蔡蔚游的成长过程中，猪似乎成了他的"陪伴者"。原来，蔡蔚游的父亲一直在惠州养猪，在 2016 年爆发疫病加上养殖地被划为禁养区之后，蔡蔚游的父亲离开了养猪行业。上一辈的人好不容易走出这个行业，殊不知，蔡蔚游走回了父亲的老路，在别人看来或许是一个"没出息"的选择，但却是一直存在蔡蔚游心里面的"养猪梦"。蔡蔚游的内心一直坚持着"此养猪"非"彼养猪"的科学饲养管理信念。

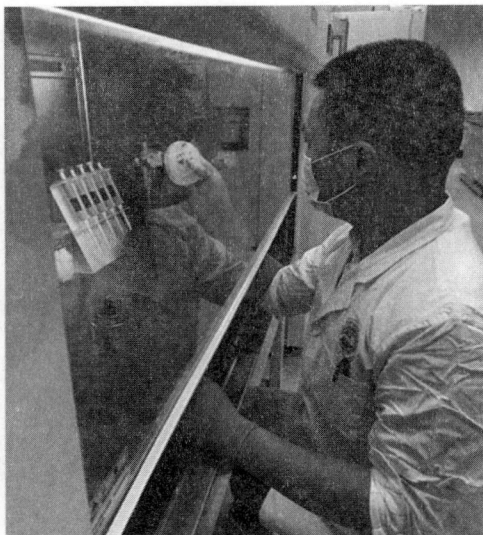

蔡蔚游在实验室做诊断

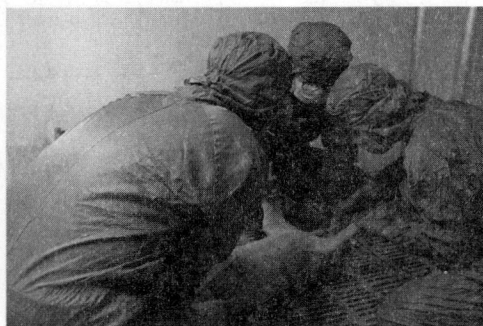

工作人员在实验室做诊断

2018年，大学毕业之际，蔡蔚游的同班同学有的选择去当公务员，有的选择去当初中教师，甚至有的选择出去做外贸，但蔡蔚游选择了考取兽医专业的研究生，因为对蔡蔚游来说，他需要提升自己的专业知识，才有能力去改变现在养猪业落后的现状，才能逐渐实现自己的"养猪梦"。

发扬军人的优良传统，军队式管理助力猪业复产

自非洲猪瘟爆发以来，全国的学者统一战线一同找寻猪业复产的良药，然而当时国内只开放几家有资质的单位开展研究工作。一腔热血的蔡蔚游结合所学的

专业知识，投入猪业复产的研究中来。"非洲猪瘟"是行业内公认的一种高度接触性传播疾病。于是，蔡蔚游在指导养殖户实践复产的时候，利用"非洲猪瘟"高度接触传播的特性，坚持用严格分区分点作业、以效率为重的责任承包制来指导养殖户进行猪业复产。

荷花农牧合作养殖场

　　大多数养殖户的思维就是生猪在猪圈里待的时间越长，给生猪多一些喂食和打理就能使生猪快速生长，殊不知这样会带来很大的生物安全威胁，增大了病毒传播的概率。因此，蔡蔚游以军队统一管理模式为指导，将生猪养殖划定一个统一的标准，规定每个工作单元需要的养殖人员数，限定养殖人员的工作时长，坚持高效率、高质量的工作理念，这个做法使得员工工作积极，热情高涨，大大减少了养殖人员在猪舍内的逗留时间，猪场养殖人员的工作量降低，业绩反而提高了，同时平均每头猪的用药量减少还能省下不少成本。通过蔡蔚游的不懈努力，2018 年 10 月中旬，猪业复产场的母猪顺利产下了小猪。当养殖户的脸上露出了久违的灿烂笑容时，疲惫不堪的蔡蔚游顿时感到所做的一切都是值得的，疲惫感瞬间消散。

复产成功后养殖户喜抱小猪

创业心得

蔡蔚游觉得，在未来的两三年内，生猪产业必定会面对很大的挑战，因此必须紧跟时代发展的步伐，以服务农民为基础，发挥专业的技术优势，实打实干出成绩，要深入推广"互联网＋猪病防控"的模式，继续在一个地区构建完善的产销网络，以养殖重地粤西为模式发源地，以两广地区为推广目的地，建立稳固的客户群体，不断学习最新和最实用的养殖技术，指导养殖户把猪养得越来越好；同时不断挖掘潜在客户，完善服务网络，把养猪业做得越来越好。

专家点评 | 贺东生　华南农业大学兽医学院教授

蔡蔚游是一名退伍军人，自他选择读兽医专业以来，一直致力于生产实践，先后多次参加比赛并且获奖，说明其在本科期间学习成绩优异。利用互联网为切入点，展开业务紧跟时代潮流，很符合现代年轻人的心态，此项目有可能成就一个大有作为的公司。他平时为人处世雷厉风行，行动上总会展现出一股军人的气质，希望他在接下来的日子里艰苦奋斗，不懈努力，用自己的专业知识真真正正为养殖户解决困难，做一个对社会有贡献的人。

（图文：蔡蔚游　华南农业大学兽医学院）

陈柏宇："昆虫 + 微生物"
环保新时代的践行者

陈柏宇

公司简介：广州无两生物科技有限公司（以下简称"无两生科"）是一家新型高新技术企业，通过利用昆虫和微生物将有机废弃物进行资源化处理，并开发饲料蛋白、功能性饲料、有机肥、宠物零食及相关昆虫延伸产品。公司于 2014 年创立至今，通过不断的研发与实践，现已成为国内外黑水虻（凤凰虫）行业知名企业，多项技术处于国内外领先水平。无两生科核心团队由博士、硕士、本科生组成，与华南农业大学、荷兰瓦赫宁根大学、华中农业大学交流合作，拥有专业的技术研发团队。公司荣获广东省挑战杯金奖、粤港澳台大学生创业大赛一等奖、中国集美创客大赛一等奖、潮汕青年创业大赛一等奖、威海国际英才创新创业大赛二等奖、广州市青创杯二等奖等奖项。创业至今，在团队共同的努力下，公司不断发展，无两生科产业估值已达上亿元。

无两生科 2018 年度总结暨干部大会合照

陈柏宇（前排左五）代表无两生科荣获粤港澳台大学生
创业大赛一等奖

餐厨废弃物＝垃圾＝污染？ 变"废"为宝觅商机

　　2012 年，陈柏宇来到华南农业大学食品学院就读生物工程专业，开始接触食品中的生物领域，也因此慢慢接触到胡文锋老师的团队。胡文锋老师鼓励团队成员互相合作，发挥专业交融和资源整合的作用，所以当陈柏宇加入该团队后，他完成的都是项目制作业。例如，胡文锋老师要求团队成员做一幅海报，要求各专业学生自由组合，从海报的内容、设计、制作到最终项目报告，需要金融、数学、设计、材料等不同专业的学生共同完成。这些事情在无形中锻炼了陈柏宇的沟通和协调能力。

　　创业念头的逐渐升起源于陈柏宇对环保的关注与思考。在大学期间，陈柏宇看到新闻经常报道"地沟油"的事，这些都给社会造成了极大的安全隐患，也让陈柏宇陷入了思考。于是，陈柏宇开始在网上、线下等渠道搜集、调研其他地区或者国家是如何处理餐厨垃圾的，没想到这一调研，还有大收获，陈柏宇创业的火种就此点燃。

陈柏宇经过调研发现，在国外，餐厨垃圾被细分为六大类，大多数餐馆、超市装有餐厨垃圾处理设备，自行处理餐厨垃圾。如果没有安装处理设备，会有受政府委托的专业处理公司将垃圾回收进行处理,这需要餐馆给政府缴纳相关费用。由于自行购买设备处理垃圾更经济实惠，所以在国外，餐厨垃圾处理设备很畅销。

餐厨废弃物，即人们常说的剩菜剩饭，其极易腐烂变质，散发恶臭，传播细菌和病毒。陈柏宇认为餐厨废弃物是典型的"放错了地方的资源"，如果把这些"餐厨垃圾"变废为宝，将其转化为能源资源，可以用于发电、生产生物柴油和有机肥料等，那将是一个巨大的商机。有数据显示，广州每天的餐厨垃圾就有至少4000吨，这更加坚定了陈柏宇的创业想法。

公司初创时期干部李国深深入基层工作

"吃货"黑水虻，消灭垃圾养肥自己

经过深入了解，陈柏宇发现，国外发达城市对城市餐厨垃圾处理要求很高，所以其处理利用率高并且运营模式成熟。每到一个地方调研，团队就思考如果将它照搬到国内会不会成功，最后得出的答案却是否定的。原因主要是我国特色的饮食习惯导致餐厨垃圾水分大、油脂含量高，餐厨垃圾分类不彻底，为处理工作带来很大难度。

经过和胡文锋老师多次探讨，陈柏宇发现有一种餐厨垃圾生态化处理十分成熟的技术，就是利用微生物和生物昆虫的生物特性，以比自然分解快几万倍的速度安全分解餐厨垃圾，并转化为生物蛋白，做到了餐厨垃圾处理的节能环保无污染，这种技术很适合中国国情。

陈柏宇所说的昆虫俗称"黑水虻"，这是一种起源于南美草原的腐食性昆虫，取食动物的粪便和尸体，生长在我国福建、广东、广西、海南等地。在国外，很多国家以国家战略引进的方式推广"黑水虻"，它的饲料来源可以是剩菜剩饭、猪粪、鸡粪，并且吃了这些废弃物以后产生的虫粪变成了天然的有机肥。陈柏宇发现了这种全身都是宝的虫子兴奋不已。在老师的技术支持下，陈柏宇根据广州餐厨垃圾的实际情况，对餐厨垃圾的处理方式有了自己的思考，重新对餐厨垃圾进行定义。

黑水虻成虫繁殖

投身创途，小虫子养出大商机

2014 年，国家对创新创业一系列的优惠政策，将陈柏宇的创业热情彻底点燃，他与胡文锋老师一同创办了无两生科，并入驻了华南农业大学创客空间，项目得到进一步的孵化和培育。

成立公司后，经过深入学习，陈柏宇小试牛刀，与广州一家餐厨垃圾处理企业达成合作意向，每天为该企业处理 2 吨餐厨垃圾。处理地点位于华南农业大学启林北区外的厂房中，这里虽然面积不大，却被分隔为养虫房、餐厨垃圾处理室及虫品深加工三个区域。陈柏宇亲力亲为，打理着生产的各项工作。

在养虫房内，虫卵 3 天就可孵为幼虫，幼虫会被放进收来的垃圾中。在垃圾筐内，密密麻麻的虫子正在贪婪地享受着美食。经过 7 天"吃垃圾"的生活后，这些虫子就已成年。而且，每 2 吨垃圾就可以养大 1 吨虫子，出虫率很高。经过虫子吃的垃圾只剩下虫子和虫粪，真正实现垃圾"零排放"。此外，这种虫子干燥后可以作为花鸟鱼等的饲料；虫粪更是一种很好的有机肥料，能增加土地的营养，有助于植物的快速生长。除此之外，这种"宝藏虫子"衍生出来的副产品更是数不胜数。虫子经深加工后，一是可以提炼出一种油脂，作为润肤霜等化妆品的天然原料；二是可以提炼出一种蛋白粉，作为养鸡、养猪的饲料。这些研究和发现，为陈柏宇与团队提供了巨大的商机。

广州无两生科参加美国展会

公司技术负责人李楚君指导国外客户学习（左二）

胡文锋副教授（右二）带领团队参加创业赛事

勇于面对挑战，获温氏集团青睐

　　虽然创业的前景很光明，但陈柏宇也坦言，从项目最初的简单构想，到后来实验室研发，再到现在投产，几乎每天都面临无数的挑战。因为陈柏宇与团队做的是全国乃至全世界都试图想要有所突破的产业，每一个问题都需要绞尽脑汁地结合实际去解决。以养虫为例，黑水虻最开始养殖的时候，总是会出现不稳定的情况，为了让黑水虻更好地繁殖，陈柏宇与团队摸索了好久才找到适合黑水虻交配的温度、光照和湿度，现在他们所养的黑水虻已经实现快速生长。

　　创业总是需要不断地接受新的挑战，解决新的难题。陈柏宇与团队刚开始把餐厨垃圾运到厂房的时候，垃圾散发出来的恶臭味极大。为了解决这个问题，陈柏宇与团队想尽办法从秦岭找到一种艾草，从中提炼出乳酸菌，将这种乳酸菌加入餐厨垃圾。加入乳酸菌的垃圾，虫子吃得更快，同时解决了垃圾恶臭味的长时间弥漫。因乳酸菌本身可以养猪，此举相当于给猪喝了"酸奶"，吃了乳酸菌的猪不仅省饲料，还增强了猪的体质。经过检验，这种吃了乳酸菌的猪的肉中钙元素含量提升了不少，猪肉品质也提高了。

　　2018年，陈柏宇与团队的"黑水虻"项目获得了温氏集团的青睐和投资，项目的发展速度更快了。

无两生科团建照片

创业心得

作为无两生科的联合创始人，陈柏宇见证了公司从"0"到"1"的过程。公司团队从最初的几个人一直坚持至今，一路经历了风雨，始终坚持"生产＋研发"的路线，不断提升企业的科研水平，引入多方人才，积极开拓市场，不断完善产业链，从而推动无两生科成为这一新兴行业的领军知名企业。放弃很简单，坚持不容易，一群人一起做好一件事，始终铭记创业初心，始终保持创业激情，塑造优秀的企业文化，不断扩大队伍，利用"昆虫＋微生物"将有机废弃物进行资源化处理，必然是未来的前进方向，广州无两生物科技有限公司每一天都在创造新的纪录！

专家点评 | 胡文锋 华南农业大学食品学院副教授

无两生科拥有专业的技术研发团队，并将高校、企业、研究所三者有机融合，打造强大且高效的技术背书，在相关产品上做到国内品质最优、成本最低、产量最大。公司与多家企业达成合作，不仅解决了合作企业有机废弃物处理问题，提供稳定的高品质昆虫蛋白，确立并巩固了企业双方长期合作伙伴的关系。对于有机废弃物资源，广州无两生物科技有限公司有多个合作企业提供相关有机废弃物，资源来源广泛。此外，广州无两生物科技有限公司以自身专业强大的技术与黑水虻相结合，促使环保行业与蛋白开发行业有机结合，实现了环保行业的革命，开拓了能源开发的新途径。取得这样优秀的成绩，离不开陈柏宇等人为公司所做出的贡献，他们不忘初心，为了实现心中所想，付出实际行动，深入基层，一步一个脚印打造无两生科。

（图文：广州无两生物科技有限公司　华南农业大学食品学院）

陈朝润：激情少年乘梦飞翔，推动家乡科技教育发展

陈朝润

简介：陈朝润为华南农业大学数学与信息学院、软件学院 2019 届本科毕业生，在校期间，与其所在团队植根学院创新创业沃土，得益于学校老师的关怀引导以及比赛历练，他心中创业的种子生根发芽，毕业后在原有项目基础上选择青少年科技教育方向。玛酷机器人是北京玛酷教育科技有限公司旗下品牌，是一个适合有梦想创业者的教育项目。教学理念是"做中学，玩中学"，是以乐高等知名的机器人教具为载体，让 3 ~ 13 岁的孩子在动手做的过程中去学习知识，提升能力，拓展思维。目前陈朝润作为玛酷机器人的合作伙伴于湛江开展工作，致力消除家乡在该方面与一线城市的差距。

创新创业的种子在校园沃土生根发芽

陈朝润新生入学时，最困扰他的不是学习，不是工作，而是选择什么社团组织。他给自己拟定了两条路线，呼应了校训精神：求实与创新。正因如此，陈朝润与

华南农业大学大学生科技创新与创业联合会双向选择，成为校科联项目部的一名干事，也成了创客空间的常客。坚定目标指引下，陈朝润用努力涂画了自己缤纷绚烂的大一时光。

在华南农业大学大学生科技创新与创业联合会的平台上，陈朝润有幸接触到各式各样的创业团队，在工作落实开展中逐步懂得什么叫作商业路演、什么是商业模式、什么是 BP、什么是风投。在他看来，如果说大学是让学生摆渡到社会的帆船，那么科联绝对是其中的先行者。陈朝润在轻松活跃、创新创业氛围浓厚的创客空间，结识到众多青年创客和志同道合的朋友。

陈朝润团队在广东开培训会

在积极上进的环境中，陈朝润亦努力寻找着改变自己的机会：亲身加入创业团队，了解创业细节，制订商业模式，参加挑战杯省赛突破重围、国赛摘得桂冠。年轻的陈朝润深知，"挑战杯"国赛取得的不俗成绩是自己成长漫漫长路中的一个重要节点，而非终点。大一的勤勉摸索使陈朝润明白了如何组建团队，如何打磨项目，如何更好地介绍自己的模式。"我开始想要孕育一个项目"，创新创业的种子在他的心中深深扎根。

携手团队稳扎稳打，看到世界也让世界看到

"丁颖杯"比赛是年轻的陈朝润实现自我突破的重要历练，他带领团队连续两年在"丁颖杯"大赛中取得一等奖，稳扎稳打的陈朝润将比赛过程中历经的优

秀经验与曲折教训积淀于心。大二时期，陈朝润幸运地遇到一群志同道合的伙伴，尤其是校科联指导老师林钻辉老师、创新创业学院曾璇老师以及工程学院副院长闫国琦老师，在他们的支持下，他带领团队注册成立了"广州睿米电子科技有限公司"，为实现一套解决"黑飞"问题的方案而努力，并成功入驻了创客空间，陈朝润也从"科联人"跃迁为"创客人"。

创业之路不乏艰辛与坎坷，陈朝润与团队的小伙伴始终互相勉励，从未轻易言弃。团队项目在其积极努力下陆续在各类创新创业峰会、论坛上亮相。从苏州到上海、从深圳到琶洲会场，一个个比赛场上，陈朝润看到的是一群又一群满怀创业激情的同龄人，一个又一个优秀的创业项目。原本想象中的大千世界，边缘亦随着更高更深的见识而不断地延伸扩展。

在多次比赛中的亮相，陈朝润与其团队受到南方都市报、广州电视台的关注，借助媒体平台，他们阐述自己关注的社会问题，让更多的人了解并加入他们的头脑风暴，一定程度上推动了无人机规范化管理的进程。

陈朝润接受广州卫视"城市话题"报道

玛酷 Make it cool！成就卓有成效的青少年 STEAM 教育

"玛酷，创造不一样！玛酷，Make it cool！"玛酷机器人是北京玛酷教育科技有限公司旗下品牌，是大众化的超酷教育品牌。该教育项目以乐高等知名的机器人教具为载体，让 3 ~ 13 岁的孩子在动手做的过程中去学习知识，提升能力，拓展思维。以"做中学，玩中学"为教学理念，以"让孩子更有竞争力！"为使命。湛江贝悦创意科教技术有限公司即是以玛酷机器人品牌为主要项目的科技教育公司。2016年，陈朝润与其团队在其家乡湛江地区领先关注青少年 STEAM 教育。

陈朝润团队合照

引入国内知名品牌玛酷机器人，陈朝润与其团队在湛江地区引发了青少年的机器人、编程学习的风潮。乐高从1980年开始做教育，针对的儿童年龄阶段是3～16周岁。陈朝润及其团队聚焦的玛酷机器人根据乐高教育器材研发出一整套从学前到学龄的完整体系，让孩子们通过动手，锻炼孩子的想象力、发散性思维，锻炼孩子的表达能力，让孩子接触更多的课外知识，扩展孩子的知识面，锻炼孩子的理科思维能力。

华南农业大学校长刘雅红教授亲切问候陈朝润的项目团队

到现在，湛江地区运营的玛酷机器人品牌主要开展机构内会员学习、承办国内各大青少年科技比赛的湛江市内比赛、入校园开展校内科普活动等业务，会员学员人数超过 1000 人，湛江地区合作学校超过 50 家，每年承办 WRO 国际奥林匹克机器人大赛、RA 国际机器人大赛等比赛 10 余项。目前与湛江市相关教育部门联系紧密，在湛江市科技教育领域有了一定的影响力。

创业心得

大众创业，万众创新，许多人抱着不同的想法与抱负选择了创业这条路。对创业者来说，成功不是标签，而是一个阶段性目标。创业追求的是不断地实现目标，在这个过程中让自己更快地成长，做得更好。我选择了回乡创业，想把更好的教育带到城镇，想改变城镇的教育情况。我距离我的目标还很远，但我会携梦前行，完成目标之后，追求我心中的星辰大海。

专家点评 | 陈少强　朗恒集团副总裁

陈朝润自入学开始就对自己的未来有所规划，在大学生涯里开启了自己的创业梦想。他先是通过自己的努力，获得在创业知识、技能、经验等方面的一定积累；再通过组建团队、参加比赛等，将一个富有前景的创业项目一步步打磨成型，并取得了良好成绩。其团队所选择的切入点为科技教育，既具备为国家和社会培育优秀人才、提升城镇教学质量的伟大教育精神，又紧贴主流热点，将机器人这一前沿技术以一种更具普适性的方式带给千千万万的青少年。有态度又有实力的陈朝润团队，未来的创业梦工厂定有他们的一席之地！

（图文：陈朝润）

陈汝培：骋怀游目，"固"创业之"楷"

陈汝培

> **简介：** 陈汝培是华南农业大学水利与土木工程学院土木工程专业2008届毕业生。2015年，陈汝培于家乡佛山开始创业，先后成立佛山市容正世安建材科技有限公司、广东楷固建设工程有限公司，主营建材贸易、工程建设、专业工程分包业务。截至目前，两家公司均已具备国家建筑工程施工总承包、建筑装修装饰、建筑幕墙工程、钢结构工程等专业资质，并通过ISO9001质量管理体系认证，是四上企业、守合同重信用企业。从整体家装、家具定制、建材流通、市场开发，到工程基建，佛山市容正世安建材科技有限公司、广东楷固建设工程有限公司与多个单位达成合作，并成立十人专项小组，针对乡村振兴开展工作，现已与超过5个示范乡村达成设计、施工的初步合作意向。

只争朝夕，八年时光打磨创业梦想

陈汝培在校期间就以技术员的身份加入佛山市西樵镇重点企业蒙娜丽莎集团，参与陶瓷薄板专项计划。而他创业、自主经营生意的属性奠定可以追溯至他成为大学生的第一天，入学报到当天陈汝培就告诉自己：要珍惜每一天。

为了开阔自己的眼界，陈汝培大学期间有机会即前往各地旅游，在历程中锻炼自己待人接物、应对问题的本领。毕业证书拿到手上的那一刻，"楹固"——寓意平安、稳固的名字便浮现在他的脑海中。毕业后 8 年的工作时间里，陈汝培靠滴水穿石的努力成功将陶瓷薄板打入市场并取得一定成绩，他在每一次工作业务中积累宝贵经验，在每一次实战操作中总结管理方法，扎扎实实为自己以后的创业道路打好基础。

急流勇退，拨开阴霾坚定创业道路

2015 年时陶瓷行业一片兴隆，陈汝培却选择急流勇退，辞去蒙娜丽莎集团属下的全资子公司——广东绿屋建筑科技工程有限公司副总经理一职，离开蒙娜丽莎集团。他决定放弃高薪而稳定的工作，选择自己创业。陈汝培知道时机已然成熟，尽管无法逃避可能需要面临的巨大压力与风险，家庭生活会因此发生变化，甚至可能遭受生意失败，等等。"突破自我，当身体里的欲望感大于忧虑感的时候，就能说服自己，大胆创业。"陈汝培如是勉励自己。

陈汝培的创业梦想在此刻破土而出，正式创立佛山市容正世安建材科技有限公司。万事开头难，公司初始创立的阶段最为难熬，陈汝培一个人承担所有业务，孤独感滋长蔓延，现实与设想存在的落差时时刻刻笼罩着他。然而，陈汝培天性积极乐观，"保持乐观，生活总不会差。"他从大学期间即已酷爱的篮球中获得力量，拨开阴霾。篮球带给陈汝培运动乐趣、积极态度、阳光心态及团队协作能力，"向上的欲望感"促使他坚持下去，成功创业。现在，陈汝培有机会仍会回到母校打篮球。

陈汝培所经营公司的工作环境

厚积薄发，居安思危不断推动公司发展

陈汝培积极整合自身优势，依据长达8年累积的人脉和经验，瞄准陶瓷薄板市场，立足佛山市容正世安建材科技有限公司业务经营，坚持以"工程+零售"为核心战略，创业起步阶段即成功争取到蒙娜丽莎、顺成等一线品牌的陶瓷薄板广州、佛山总代理，并以优质的产品服务得到客户认可，连续三年担任相应品牌的金牌代理商。2016年，陈汝培发现，作为一个集建材应用开拓与贸易于一体的企业必须进行细化、扁平化，才能在竞争激烈的材料行业中站稳脚跟。精准的判断配合迅速的行动，陈汝培在公司内成立家具专项小组，积极适应陶瓷薄板家具的全球趋势，拓展内销和出口销售渠道，与佛山、东莞地区80%的家具企业达成合作。

陈汝培工作场景照片

陈汝培公司发展态势优良，但他谨记经营企业必须居安思危，于是他在原有陶瓷代理业务基础上进一步提出"陶瓷薄板整体应用解决方案"，突破传统代理模式，向"陶瓷薄板家居定制"营销方向进发，从家具、零售板块推进至工程板块，先后承接新佛山妇幼保健院、泸州医学院、深圳天安云谷等大型工程。

稳健果决，于震荡期合理调整成功转型

2018 年是国家房地产调控的关键节点，加上中美贸易摩擦，陈汝培经营的建材公司与房地产领域息息相关，不可避免地进入震荡期，建材贸易的国内板块和出口板块双双受损。陈汝培向基建工程中拓展，着手团队调整分配，聚焦保障提升所提供的服务质量，以稳定原有业务作为运营目标，保证应收款收齐，进而抽调部分业务人员攻关大型基建项目，充分考虑陶瓷薄板的产品特点，专注于医院、大家居方向。稳健的调整使得公司在震荡期间得以与多个陶瓷品牌达成合作，相对稳定地度过陶瓷行业政策性动荡阶段。

身为"土木人"，陈汝培内心深处总对工程领域怀着微妙的向往，于是他在成立容正世安公司的同期创立楹固公司，并持续将一定资金用于提升、完善楹固公司的相关资质、设备。广东楹固建设工程有限公司初创时即承接时代地产两个售楼部的整体装修以及瑞华集团办公楼幕墙工程，对此陈汝培更加坚定"贸易+施工"的理念。公司以"矢志不渝，追求完美"为指引，始终坚持打造以室内外装修、幕墙、钢结构等施工为核心；配以建筑设计、材料运输、建材深加工等服务的大总包发展之道，楹固在短短 4 年里获得 4 项专业资质并通过多项认证。

陈汝培公司所获得的部分奖项及证书

陈汝培及其公司始终保持高度创新意识，倾注大量资源研发工程应用技术。截至 2019 年 10 月，公司获 20 余项专利证书；建材贸易板块顺利完成调整，工

程领域则凭借良好的口碑拿下宝索集团总部大厦近 8000 万元的室内装修工程，并将此工程作为 2019 年的全力攻坚项目。

孜孜以求，锻造品牌投身乡村振兴计划

陈汝培认为，一个企业必须做出自己的品牌，未来不会有不做品牌也能成功的企业，所以其团队坚持打造"楹固"品牌，制定属于自己的产品服务体系，逐步完善，做出成绩。再者，企业要可持续发展，需要稳定、优化自有团队。陈汝培积极鼓励各营销人员参与税务、商务、法务以及专利知识培训，公司会划拨一定资金进行补贴。楹固建设的人员培训侧重市场管理和技术层面，从公司内部培养挖掘建造师、造价工程师，成效卓著。当然，陈汝培本人也高度重视自我提升，目前准备返校攻读博士。他相信，以人才软实力为支撑，企业创造力必定会有所提升。陈汝培同时非常强调宣传工作的重要性，认为可通过企业赞助、平面广告等形式辐射品牌价值，以便进一步开展业务，吸纳优秀人才资源。

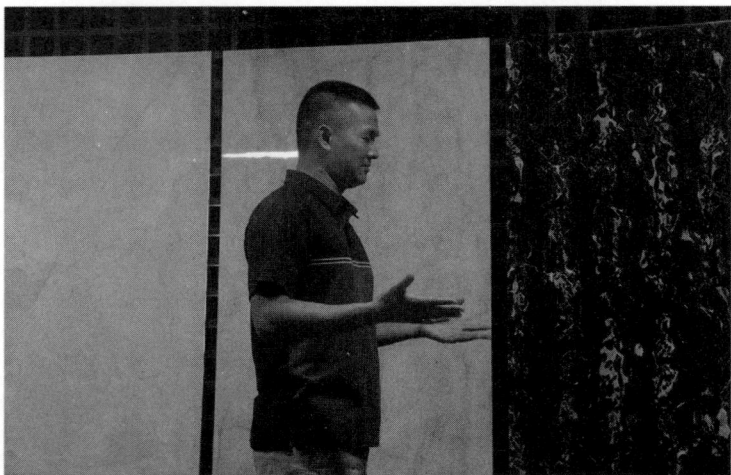

陈汝培介绍公司产品

2019 年，陈汝培公司积极响应国家政策，投身跟进佛山市乡村振兴计划，成立 10 人专项小组，针对乡村的河道治理、村容村貌提升、市政道路优化等设计、施工，深度攻关对接，将乡村基建作为工作重点，抓住时机，力争成为佛山市典型的乡村振兴优质咨询、设计、施工服务商，攻坚克难，打造优质产品，树立企

业品牌形象。

对于楹固公司，陈汝培当前规划是五年内将企业资质升至一级，扩大企业规模，承办大型工程，五年后再根据市场具体情况确定主要方向。他知道，楹固的未来将不只是建筑公司，具体适时而变。

创业心得

陈汝培认为，当下创业门槛比较高，创业者需要通过积累经验，找准创业契机，要有目标、有眼界，做有新意或具备稳定发展性的东西。

保持热爱生活的积极态度，保持自律、珍惜时间、做好规划、拼搏向上，是创业成功的关键。对年轻人来说，要不卑不亢，该怎样就怎样，只要认认真真、勤勤恳恳，就会有所收获。

专家点评 | 刘志超 华南理工大学创业教育学院副院长、工商管理学院教授

陈汝培是广东省佛山人，经八年沉淀，踏上创业之路。创业虽苦，但坚持很酷，坚韧的意志成了陈汝培前进的动力，亲和力很强的他组建了一支又一支的团队，以工程建设、乡村振兴、产品贸易等多个方向把楹固建设公司一步一步发展壮大。如今，通过自身资源优势整合，以乡村振兴为己任，攻坚克难、做好品质、逐步完善，以可持续发展的方针规划未来。正如他本人一样，只要认认真真、诚诚恳恳就会有所收获！

（文：华南农业大学水利与土木工程学院　陈汝培　图：陈汝培）

陈艺鑫：打造"二手自营商城"，拥有百万大学生用户的"95后"创业者

陈艺鑫

　　公司简介：机旦，由华农学子陈艺鑫与几位广东学子联合创办，是国内领先的二手数码商城。机旦以高校市场为切入点，通过搭建微信社群＋小程序的方式，为学生群体提供一个免费的闲置交易平台，供用户在平台上自由交易二手闲置品，并因此获得大量高校用户，通过"机旦商城"提供自营二手产品进行盈利。机旦从华南农业大学、华南理工大学、华南师范大学出发，现已开通两百多所高校，获得大学生的认可和喜爱，并在2019年5月获得百万融资，2019年已开拓广东、江苏、山东、四川、河南、湖北等10个省份的高校市场，累计大学生用户超过100万，为用户卖出超过100万件闲置品，截至2021年，公司的月营收近800万元，并已实现盈利。

陈艺鑫在"众创杯"展示项目

陈艺鑫（右二）获得第四届"互联网+"广东赛区金奖

深耕校园市场，一直服务校园

陈艺鑫为华农公共管理学院 2017 届毕业生，创办了校园 O2O 维修品牌——加速修，获得由创大资本、紫牛基金、猎豹移动等著名资本投资的加速度投资。其打造"1元贴钢化膜"IP 活动，在广东各高校举办都能取得全校性的"贴膜浪潮"，现场火爆！该项目在 2018 年获得第四届中国"互联网+"大学生创新创业大赛广东省总决赛金奖。

其后续创办了：高校闲置君 IP 以及二手商城品牌——机旦，项目已获得两轮融资，2021 年项目单月营业额突破 800 万元，已实现盈利，项目入选"青创杯"和"众创杯"前 100 名项目名单。

华农老师到机旦参观考察

2018 年 6 月 1 日，陈艺鑫成立团队，取名"机旦"（谐音：鸡蛋），寓意是希望创办的企业如鸡生蛋，蛋生鸡，生生不息。成立于儿童节也是告诫自己不忘初心，出走半生，归来仍是少年！

机旦从一所高校出发，已经覆盖 500 多所学校，服务超过 100 万名大学生，建立了近 2000 个 500 人的校内闲置交易群，以及 1000 多个校内二手书群，累计为学生们卖出超过 100 万件闲置品。为了提高学生对于社群的体验，每一个社群都会安排全职的人员做群内监控，把一些违规的人员移出群，维护群内环境。

同时，为了规范二手品类水最深的二手手机，陈艺鑫建立了自己的品牌，只卖原装正品二手数码的——机旦商城。从成立以来，机旦就秉承永远只做正品二手的理念，得到了很多学生的认可和厚爱。

机旦商城产品包装

艰苦创业，不忘初心

在短短三年时间内，机旦发展速度远超陈艺鑫及团队的想象。但同时，团队也付出了无数努力。

为了快速推进项目，几个合伙人挤在破烂的民租房，没日没夜地加班，每天只睡四五个小时，几乎没有假期，通宵赶活动，这些都是常事。而最让陈艺鑫觉得煎熬的是：每一次信心满满准备的活动收效甚微，每一次预算不足的窘迫无助，每一次团队讨论时争得面红耳赤……

然后，当看到学生们喜欢机旦的闲置群和二手书群时；当学生们通过机旦的社群卖出闲置已久的东西，淘到经济实惠的好货的时候，陈艺鑫又会觉得所有的付出都是值得的，所有的辛苦都不足为道。

"社群运营"模式非常重要，陈艺鑫坚信，社群强曝光／强黏性等特性往往是企业的"护城河"，只有把社群做好，才能更快速地拓展用户和持续地增加用户黏性。社群的建立是基于某种"共同的纽带"，机旦的社群数量增长速度是"算术级数"的，社群以超强黏性的"微信好友"形式拥有100多万名大学生忠实用户。有了共同社群，信息传递变得极容易，认知迭代速度也变得很快，社群成为"新零售"的重要触点。

机旦团队成员不仅来自国内各大知名高校，身处一线，拥有全面的高校资源，同时，这一支吃过不少苦头，直至顺利盈利的创业团队，也拥有经过市场验证的丰富的实战经验。

机旦团队部分成员合照

打造自营商城，做二手版的"京东"

陈艺鑫与其团队开发的"机旦闲置"，是一个 C2C 交易平台。用户可以选择所在的城市或高校，买卖闲置品，全程免费。用户不仅可以选择面交、自提，还可以选择邮寄等服务。所开发的"机旦商城"，是在 C2C 的基础上，增加的 B2C 商城。因二手产品，特别是二手电子产品，缺乏背书，很多学生并不相信个人卖家，担心买到假货、山寨货。因此，陈艺鑫搭建了一个 B2C 自营商城，一开始从二手电子产品切入，未来会加入鞋、书本、珠宝、美妆等产品。机旦商城的二手电子产品，全部由机旦 100% 自营，通过 36 项质检标准，支持 7 天退换货，提供 365 天售后等服务，机旦商城在各大高校广受欢迎。

B2C 自营商城"机旦商城"

C2C 交易平台"机旦闲置"

倡导环保理念，让天下的旧物品找到新主人

　　随着生产力的提高，物质越来越丰富，越来越多的物品被闲置，这不仅会给环境造成巨大的压力，而且造成了资源的浪费，因此，机旦团队希望物品可以流动起来，让天下的旧物品找到新主人，旧物品可以得到新使用。其中，污染十分严重的是每年快速迭代更换的电子产品，机旦团队通过把人们闲置下来的电子产品重新进行质检，进行清洗消毒，再一次包装好卖给追求性价比的人，这不仅是一种可行的商业模式，也是一种绿色环保的商业模式，更是一种对社会有巨大价值的商业模式。目前，用户通过机旦平台进行撮合买卖的闲置物品已经超过 100万件，并且机旦商城自营卖出的二手电子产品的价值已经过千万元。陈艺鑫相信，坚持做有价值的事情，坚持做对社会有帮助的事情，未来的道路一定会越走越宽。

保持敬畏　创业心得

陈艺鑫自述："我一直认为，创业是一场修行。很多人以为创业很意气风发，很'高大上'，一不小心就赚它几个亿，一不小心就改变了世界。作为一名在大学期间就开始创业的大学生，我可以很负责任地说：创业，一定不是实现财富增长的最好方式，甚至往往可能是最不容易实现财富增长的方式。因为，现实生活中因为创业而负债累累的人不可胜数。我选择创业的初衷很简单、很纯粹，就是希望做一些能够实现自我价值的事情，我希望证明我也可以做出一些让我家人和朋友，还有我自己都感到骄傲的事情，因为这个让我充满动力。因此，我坚信，创业最终的'真经'并不是你取得了什么成绩，获得了什么财富，而是你选择创业这样一种生命的修行方式，一种让你成为更优秀的你，让你体会了更丰富多彩的生活方式，让你以更多样化的视角去看待这个世界——这才是我认为创业的最大价值所在。"

专家点评 | 萧润正　华南农业大学创新创业学院教师

陈艺鑫在读大学期间，就充满创业干劲，通过与友人一起做项目感受到创业魅力。大学期间做的手机维修项目"加速修"一炮而红，并获得了创新创业比赛的奖项。毕业以后，他没有停滞，而是继续走在创业的道路上。他市场嗅觉敏锐，瞄准了高校二手数码交易这一领域，并用"社群电商"的模式开辟了新的天地，为自己赚下了第一桶金。他的经历告诉我们，在"大众创业，万众创新"的时代，只要保持不断探索、勇于尝试的创业精神，就可以在某个领域做出成绩！

（图文：陈艺鑫）

鄂纲笑：大数据养殖模型引领无抗生素养殖新时代

鄂纲笑

公司简介：广州丰一生物科技有限公司（以下简称"丰一公司"）成立于 2017 年 10 月，以服务"三农"、推动行业发展为己任，通过构建水产养殖数据自动采集、养殖管理、食品可溯源等大数据平台，建立大数据水产养殖模型，开展水产养殖数据化、标准化、智能化养殖与技术服务，致力于为大众提供安全优质的水产品。

丰一公司针对南美白对虾等特种水产品养殖过程中存在的病害频发、水产品质量安全存在隐患等养殖难点和痛点，以水产养殖数据化、标准化为基点，建立大数据养殖模型，开展水产养殖数字化和标准化的养殖技术推广，为大众提供安全优质的水产品。丰一公司已完善和优化南美白对虾育苗养殖流程和数据模型，并应用于实际生产；其建立的南美白对虾苗"无抗生素养殖"模式，使苗种质量显著提升，成本降低 30%，从源头提高苗种质量，有效地保障了养殖户养殖的成功率。2019 年 1 月，丰一公司旗下的德沃农品牌水产育苗专用产品系列研发成功，其与海茂、粤海、胜博、海中龙、国联、旺意、定大、昱海蓝科、微正、高大尚等种苗公司展开业务合作，成功构建大数据软件平台，开启了数据化和无抗生素养殖的新时代。

偶然机会结缘南美白对虾育苗，开启创业梦

鄂纲笑是华南农业大学水产养殖学专业 2016 届的学生。在大学期间，鄂纲笑萌发了创业的想法，进入创业道路的鄂纲笑逐渐在全国各大创业大赛上崭露头角，可以说在大学期间也是学校里的风云人物。毕业后的鄂纲笑却低调起来，深耕养殖一线，毕业一年半以后才创立丰一公司。故事便是从这里开始的。

2016 年 5 月，距离毕业还有不到 2 个月的时间，鄂纲笑跟很多毕业生一样，忙于寻找毕业后的工作。寻找工作期间鄂纲笑面试了几家公司，可是总觉得还会有更好的选择。一个偶然的机会，鄂纲笑跟着自己的导师出差了几天，就是这几天让鄂纲笑坚定了未来的发展道路。学习水产专业的学生总会有一种思维，那就是"学养殖技术"，这种惯有的思维或多或少影响了很多人对于工作的选择，鄂纲笑也不例外，在跟着导师但学明教授去茂名市电白区出差的时间里，鄂纲笑最开始也是想着能不能接触到一家公司可以在里面学习养殖技术，即使薪酬低也无所谓，重要的是能学到东西。在出差期间，鄂纲笑看到了聚喜公司完善的养殖设施后，鄂纲笑非常想留下来学习养殖南美白对虾虾苗，为以后做个养殖技术员奠定基础。由于聚喜公司暂时不招人，鄂纲笑直接吃了闭门羹。导师但学明教授了解了鄂纲笑的真实想法后，在他的推荐下，鄂纲笑来到了海南的一家动保公司。幸运的是，这家公司推出的新产品，准备在南美白对虾苗上推广使用，也就是机缘巧合下，鄂纲笑开始接触水产动保行业，更因此接触了未来三年多一直深耕的领域"南美白对虾育苗行业"。

南美白对虾属于世界上三大对虾养殖品种中单产量最高的品种，也是近几年来国内养殖量最大的对虾品种。南美白对虾育苗是养殖成功的关键，好苗才能出好虾。刚刚迈入养殖行业的鄂纲笑发现，这个行业跟自己想象的很不一样，南美白对虾从 2000 年开始养殖，规模才逐渐扩大，短短十几年的时间，南美白对虾的养殖还面临很多问题。首先就是种苗问题，2016 年，"一代虾苗"的市场占有率还不到三成，抗生素滥用问题依然严重，微生态制剂在虾苗上的使用才开始有一定的起色。基于这些发现，鄂纲笑想如果能建立一套相对标准的养殖流程，那对于南美白对虾的养殖来说，无疑是一场变革。于是，鄂纲笑在走访和探寻市场

销售产品的同时，通过了解更多人员的养殖技术，逐渐地形成了自己对于南美白对虾育苗的理解，更是发现了创业的商机。于是,在毕业一年半后鄂纲笑成立了"广州丰一生物科技有限公司"，开启了创业梦。

鄂纲笑和团队参观南美白对虾循环水养殖基地

丰一水产技术服务部（烟墩店）开业

南美白对虾虾苗养殖场

坚守初心，打造"德沃农"品牌助力水产行业

从 2017 年 10 月成立公司开始，鄂纲笑就面临一个很大的挑战，整个南美白对虾产业发展越来越低迷。由于南美白对虾虾苗的价格一跌再跌，很多小种苗公司迫于压力开始转行养其他品种，加上国家加大了环保力度，南美白对虾的整体养殖面积缩小了很多，这时候很多养殖者认为南美白对虾这个行业要做不下去了。然而，钟情于南美白对虾养殖的鄂纲笑并不这么认为，他恰恰觉得这是转型阶段的一个好时机。鄂纲笑猜想，这个阶段会淘汰掉的是那些没有核心技术的公司，而自己的公司在这个时候更应该努力钻研技术，将自己武装起来，等待机会，厚积薄发。

2018 年 6 月，机会终于来了。鄂纲笑带领丰一公司与嘉兴活力达生物科技有限公司（饲料添加剂原料生产商）展开动保产品研发和生产方面的战略合作，为南美白对虾的无抗生素养殖奠定了基础，看着公司有了起色，鄂纲笑对自己的创业道路愈加充满信心。

2019 年 1 月，随着"德沃农"品牌水产育苗专用系列产品的研发成功，鄂纲笑的丰一公司便与海茂、粤海、国联、胜博、海中龙、旺意、定大、海威、昱海蓝科、蓝色海洋、微正、高大尚、劲龙等几十家种苗公司展开业务合作，并成功构建大数据软件平台，开展数据化和无抗生素养殖的新时代。同年 6 月，在大数据平台基础上，鄂纲笑成功构建"南美白对虾苗种无抗生素养殖模型"，并将其应用于实际的养殖生产中，育苗全程"0"添加抗生素，还降低生产成本 30%。尝到甜头的鄂纲笑加大了对水产专用产品的研发，2019 年 7 月，德沃农品牌水产专用系列产品研发成功，这犹如给鄂纲笑的创业道路开了一扇大门。

工作人员调试设备

凡纳滨对虾 P5 育苗流程图

对鄂纲笑来说，这只是一个开始。未来，他将带领公司在南美白对虾、石斑鱼、加州鲈、龟鳖等养殖领域开展大数据采集和养殖模型的构建，建立相关数据化和标准化的养殖模式，以模型推广、技术服务输出促进行业的可持续绿色发展。

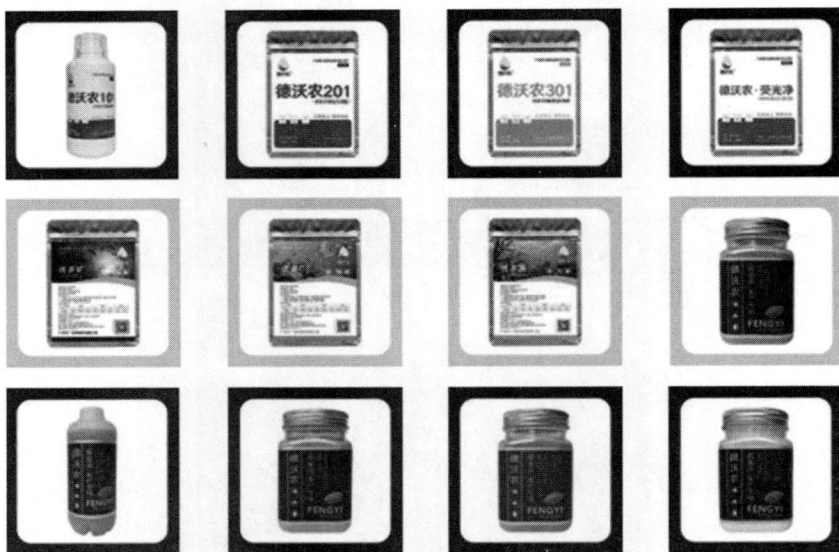

德沃农品牌水产专用系列产品

大数据软件平台截图

创业心得

对于创业，鄂纲笑认为"不要一毕业就创业"。创业这条路很艰辛，同时也充满了诱惑，很多人认为创业可能会带来很多的金钱，而鄂纲笑更看重的是"把事儿做好"。对一个团队来说，大家要各司其职把工作做好，这样才会"1+1 > 2"，否则公司只是一个人的公司，这样的公司老板也会做得很辛苦。对于丰一公司来说，将会进一步建立各个养殖品种的养殖数据模型，踏踏实实地做好产品，做好服务，这也是丰一公司的安身立命之本。

专家点评｜甘炼 华南农业大学海洋学院副教授、广东省农业产业创新体系岗位科学家

鄂纲笑在校期间就表现非常突出，创业是学以致用的典型，其根据虾类生长发育特点，通过建立水质动态变化的大数据模型，创建了"无抗生素"的育苗新体系，显著提高了苗种质量，可从源头有效保证养殖户的养虾效果，为水产养殖未来数据化、标准化模型建立奠定了良好基础，将为新农村建设、乡村振兴提供助力。他是华南农业大学莘莘学子中扎根一线的典范，也真真正正反映出华农人吃苦耐劳的优良传统。

（图文：鄂纲笑）

郭子轩：从二维码校园卡到 IT 校园建构

郭子轩

　　公司简介：2017 年 4 月，华南农业大学三名大学生以合伙人身份加入广州鸟窝教育科技有限公司，注册资本 200 万元。该公司是一家自主研发、自主知识产权、自主创业的创新型企业，核心研发团队学生来自华南农业大学及华南理工大学。以 B2B 模式为基础，致力研发推广基于 PHP+AI 的校园综合性信息及支付平台，用于解决实体化校园卡在使用过程中的诸多不便，最终实现推动无卡化进程和建设智慧化校园的目的；是支付宝的战略合作伙伴，公司产品以支付宝企业账户作为框架，以此为基础搭建一个校园微卡平台，平台从校园支付、教务处理、门禁识别、图书馆自动借阅、缴费大厅等环节为校园各场景构建一个闭合环形。

　　广州鸟窝教育科技有限公司致力于搭建一个稳定、快捷的结算节点，使现金流绕过原有的一卡通系统通过 T+1 的模式流进学校官方账户。郭子轩团队还通过该系统为学校提供专业的数据分析服务，使学校得以更高效地进行管理。截至 2019 年 12 月，公司已申报 1 项软件著作权，通过移动图书馆 B2C 的模式积累了 200 多万的精准粉丝用户，拥有 2000 余所高校的资源，日活跃量超 10000。

鸟窝教育在创客空间的办公室

于校园中筑巢的生机"鸟窝"

大一时的郭子轩加入科联办公室，在轻松活跃、创新创业氛围浓厚的创客空间里，结识到众多青年创客和志同道合的朋友。在校科联的工作中，郭子轩对创业的概念形成初步认识：原来创业并不遥远，身边到处都有创业者，有时候只需要一个新奇的构思，一群志同道合的人，敢做敢拼，就能使自己的理想实现。

郭子轩及其团队关注到大学生微信朋友圈充斥着各种各样饭卡丢失的信息，深入仔细地思考后总结发现，实体校园卡使用的缺点非常明显：容易丢失、补办麻烦、费时费钱、支付方式单一等，达不到消费者的效用最大化。郭子轩团队联想到同为实体卡的羊城通，二者缺点可谓完全重合，但当前地铁已开通二维码支付、NFC识别支付功能，极大地改善了之前仅有实体卡出行的使用体验。银行卡初始投入使用一度方便了人们的支付问题，但不可否认的是如今随身携带银行卡的人却越来越少，原因在于手机支付进入了人们的日常生活，只要手机支付软件（如微信支付、支付宝）绑定银行卡，便可扫码支付，无须随身带卡刷卡，极为方便快捷。

校园卡是否也能参照羊城通、银行卡的发展历程去改善呢？当今时代科技发达，移动支付在中国早已不是新鲜事物，手机逐渐成为现代人的一个"器官"，实体卡模式虽使用了十多年，但始终难逃被淘汰的命运。郭子轩团队成员一拍即合，决定设计带身份识别、支付功能的二维码数字校园卡。

华南农业大学已投入使用的产品

"鸟窝"孵化创业鸿鹄

万事开头难。郭子轩团队着手项目内容时，尽管当时竞争对手较少，设计自动生成二维码简单，但团队缺乏在二维码方面的实践经验，项目施行相当于从零开始。怀着便利广大师生的决心，为实现更人性化的"刷卡"服务，逐步和实体卡说"再见"的愿景，郭子轩团队成员互相鼓励，信任彼此的专业知识基础并以此为依据进行合理分工。经搜集大量资料并进行深入分析，郭子轩团队发现，随着信息通信技术的深入应用带来的创新形态演变，互联网本身也在变动并与行业新形态相互作用而共同演化，若能通过微信校园卡的渠道，与各大银行建立战略合作伙伴关系，运用二维码生成技术和微信卡包运营层面的技术；再通过监测校园卡二维码使用频率判别产品推广程度，并设立实时反馈监控系统，定能完整开拓"二维码校园卡"业务。

郭子轩团队参加 2018 微软"创新杯"全球学生科技大赛

经分析市场背景及展望前景后，郭子轩团队认为"二维码校园卡"业务当前市场巨大，摆在团队面前的是几乎完整的"蛋糕"，发展潜力巨大。郭子轩团队成员基于现实条件分析与现有基础，2017 年 3 月，携手正式加入广州鸟窝教育科技有限公司，并成功入驻华南农业大学创客空间。

蓬勃"鸟窝"展翅梦想高空

郭子轩团队在初创时期一度陷入迷茫境地，因为无法寻找到实现既定目标的路径。在获悉学校组织申报华南农业大学大学生创新创业训练计划项目的通知时，成员紧锣密鼓进行头脑风暴，深入探讨交流，经连续一个星期的加班加点，制定出一整套商业计划书。功夫不负有心人，在项目展示评选中，郭子轩团队的项目计划获得老师们的一致好评，并于当年获得国家级立项。以此为新起点，团队成员携手乘风破浪，从谈公司合作，到签学校合同，再到申请腾讯创新创业项目等征程上披荆斩棘。

郭子轩团队国家级创业训练项目结题证书

当前，广州鸟窝教育科技有限公司已经逐步形成成熟的经营思维与营销策略。鸟窝智慧校园微卡采用平台思维，致力于做好硬件和软件两大平台，为众多高校、广大学生、众多校园商户提供更综合化、智慧化、大数据化的服务。在垂直化平台下，学校可以获得所想要获得的服务，为学校管理提供便利，为校园注入新的活力；学生可以随时随地通过微卡平台获得信息，完成校园支付或校园云端服务，真正做到数字校园卡在手即可享受所有服务。与现有实体校园卡的孤岛式管理不同，鸟窝科技为学校提供了在云端解决问题的方案，在后台记录了学生的消费行为、消费金额、消费地点。公司能通过大数据分析在后台帮学校对账，并通过分析得到学生的消费习惯和消费能力区间，使学校有更完善的解决问题的能力和方案。

郭子轩团队创业故事被媒体报道

截至 2021 年 9 月，公司已经拥有超 4000 个公众号资源，与支付宝、腾讯微校、QQ 智慧校园建立合作关系。团队成员将离公司较近的华南地区以及公司资源较多的西南地区和山东地区的高校作为公司的目标客户群，通过线上发卡的形式进行客户引流。通过发展并完善基础校园支付功能来作为寻找种子用户的切入口，并鼓励其他代理商加入鸟窝科技无卡化的进程中来。公司已经与华南农业大学、西南大学、山东科技职业学院等 15 所高校建立了商务合作关系或已存在了业务联系。

郭子轩与华南农业大学电子工程学院兰玉彬院长在公司合影

不俗的成绩使得郭子轩团队获得了广东省教育厅等政府和相关组织的认可。在新时代，广州鸟窝教育科技有限公司将继续为教育行业做贡献，为师生用户提供更优质的产品和服务。

创业心得

郭子轩认为，创新来源于生活又高于生活，只要善于分析生活，就一定能找到生活中潜藏的宝藏。就像校园卡的使用，存在多年，其缺点也一直存在，而他只不过是多观察了一会儿，并且做了大量的分析，对市场进行了一定深度的研究，然后便决定了方向去努力。郭子轩一直坚信，创业者千千万万，很多人急功近利，而真正成功的人，往往是那些意志力品质和各方面能力磨炼得很好的人。郭子轩认为自己离成功还很远，但是携梦前行，定能成功。

专家点评 | 姜峰　华南农业大学创新创业学院院长

　　郭子轩和他的团队创业的亮点在于发掘了一个未被其他人发现的创业机会。随着移动支付技术的不断发展，在日常生活中运用手机进行支付的场景已经比比皆是，但在这样一个巨大的市场当中，校园支付这一细分领域在此之前仍是一大片空白。从察觉校园卡的使用困难点，到把握 IT 校园这一细分市场的机遇，加上团队在技术方面的不断精进，以及在商务沟通方面取得的良好成果，让这个团队不断成长，让这个项目最终落地，并且获得了政府、组织、高校等的支持和认可。郭子轩他们的未来，将是一片蔚蓝大海！

（图文：郭子轩）

孔嘉杰：细分领域的机会——智能通行平台

孔嘉杰

> **公司简介：** 727 团队是上市安防公司内部孵化项目中的一个明星团队。727 团队自成立以来，一直致力于生物特征识别技术研究、应用产品开发及市场推广。727 团队与国内顶尖的芯片和影像硬件团队有深入合作，致力于打造业界领先的 3D 人脸核验机、算法定义服务器、视频结构化摄像机等智能硬件产品；同时整合校园、社区等场景的业务，打造云边端一体化的智慧无感通行平台。727 团队已经在广州、深圳等地搭建研发生产基地。未来，将面向更多的场景，建立以智能通行平台为中心的智慧生态，为智慧城市带来新的活力。

从自动化到人工智能的蜕变

孔嘉杰是华南农业大学自动化专业 2015 届学生，毕业后孔嘉杰进入全球最大的调味品企业担任自动化工程师一职。从大学的自动化实验室走到企业上百亩的自动化厂房，孔嘉杰受到了极大的震撼。虽然自动化设备能极大地释放生产力，但是设备始终缺乏灵动的决策，最终设备运行中收集到的数据还是需要人工进行分析判断。随着工作的深入，孔嘉杰开始接触工业 4.0 和《中国制造 2025》相关的知识，愈发了解人工智能对于推动工业乃至社会进步的重要性，也愈发向往从事人工智能工作。在之后的几年时间里，孔嘉杰的工作内容逐渐向消费级智能硬件靠拢。然而，几年前的智能硬件由于功耗和算力的限制，并不见得是真正的智能。而且智能硬件的风口过后，留下的只是一地鸡毛。孔嘉杰知道，若自己一直留在消费级智能硬件方向发展将会很快触碰天花板，所以他带着对人工智能的理解进入系统集成行业。

安全稳定是社会发展的基础，国家和政府非常注重这一方面的建设，接连出台推动安防、智慧城市等相关的政策。传统的安防行业相对简单，主要在于集成。在政策推动下，安防急需变革以承载发展的需要，为业务提供更多能力。此时，人工智能行业随着芯片架构的复杂性和制程的进步性而稳步提升，但行业变现一直是一个大问题。安防行业提出"智慧城市""智慧社区""智能安防"等新概念后，正好成为人工智能行业提供技术输出的出口，安防行业也将在人工智能技术下重新焕发新的活力。

孔嘉杰正是在风口形成时切入此行业，从安防产品导入负责安防产品线，一步一步加深对行业的了解：安防设备三大产品（视频监控、门禁和防盗报警）仍占据主要市场，同时人工智能赋能视频监控后，可以结合人脸、人体等生物特征演变出更多应用，这些了解使孔嘉杰对人工智能产生了无限的遐想。

风险与机会并存，混沌与目标交错

在孔嘉杰加入某安防公司一年后，公司为解决传统集成商受传统市场的制衡问题，提出"内部孵化计划"。孔嘉杰和另外两名同事看到安防工业新的机会，便大胆尝试向公司提出参加"孵化计划"的想法。很快，孔嘉杰和同事所提出的"智能安防硬件＋业务平台"打造云边端解决方案的想法得到了公司的赞同。在公司的支持下，孔嘉杰团队搬出原有的地方，重新租赁办公室并开始搭建自己的团队。然而，公司的支持并不是无条件和无限制的，孔嘉杰和团队必须抓紧时间做出成绩，引入新的资本或自我造血。同时，团队运营的成本也需要精打细算。就在他们埋头苦干的时候，同一赛道的对手们接二连三地报出融资的信息，这让他们更加确定选择这个方向是正确的。

成立团队之后，慢慢地，孔嘉杰意识到当初的想法还是过于简单、过于空泛，遇上了必然要面对的瓶颈问题。但孔嘉杰深知，出来之后就已经没有退路，只能放手一搏。所以在开发产品的同时，孔嘉杰疯狂寻求合作的机会，希望能快速到市场验证他们的想法，能为调整方向保留余量。

　　一次偶然的机会，孔嘉杰接触到一个监狱改造项目，他们的 3D 人脸核验机正符合项目检验活体的需求。但是产品仍在开发中，计划上线的第一版还需要完善。为争取到这一项目，孔嘉杰和团队连续一个星期通宵达旦，优先将核心功能开发出来，并让工厂配合生产。但工厂的进度提升有限，孔嘉杰只能让工厂先组装好硬件，他们自己再安装系统和服务，又熬了一个通宵，终于将第一批 20 台设备赶制出来，并当天发给客户。由于赶制的系统有很多未知漏洞，导致安装后问题百出，孔嘉杰和团队连夜赶往现场，现场为客户调试 20 台设备，当场解决高优先级的漏洞，保证项目的顺利上线。

产品调试和测试的现场

孔嘉杰在调试产品

安装设备的现场

经历这次磨炼之后，孔嘉杰和团队逐渐摸索到客户的需求，并快速改进。在和客户对接的同时，他们积极探索客户对云边端解决方案的需求，不断优化产品的功能。随着接触项目的增多，孔嘉杰和团队将打造智能通行平台作为他们近3年的发展目标，而这个目标1年前成立团队的时候压根没有考虑过。

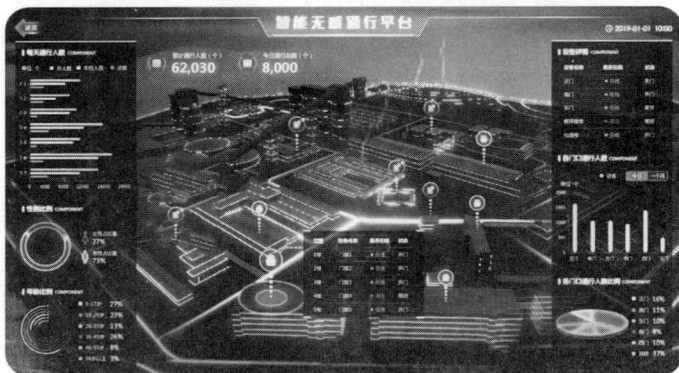

智能无感通行平台

无惧风雨飘摇，坚守初心毅然前行

孔嘉杰和团队跌跌撞撞走过既有收获也有遗憾的 2018 年。步入 2019 年，智慧安防行业、人工智能行业趋向沉静，资本也变得冷静起来。孔嘉杰和团队也谨慎起来，因为巨头间的角逐已经白热化，未来两三年将会是行业洗牌期，小团队极有可能成为市场角逐的牺牲品。孔嘉杰深知团队当前只是一个拥有 15 人的初创团队，还缺乏自我造血的能力，资金成本和产品研发的冲突将会愈加严重。创业的路上还有很远很长的路要走，但孔嘉杰相信梦想不灭，希望永远在前方。孔嘉杰和团队下定决心，无论前路多坎坷，仍会毅然前进，在智能通行领域做得更好更出色。每一天他们都将和时间赛跑，在行业变革前站稳脚步。

2019 年团队合影

创业心得

习惯了做企业的螺丝钉，思维方式和业务能力会因为岗位受到局限。在企业工作，会按照上级要求完成自己的常规工作，很少会去做更多的思考。但创业后，就需要打破原有的思维，站在更高的角度去看待问题。在企业工作时，任何问题都会有企业兜底，可以放手尝试。但创业过程中，每一个问题的选择都是生与死的考验，可以让一个人不断地挑战自我，成就梦想。一个人可以走得很快，但一群人才能走得更远，我相信团队的力量。

专家点评 | 林伟波　华南农业大学工程学院党委副书记

　　孔嘉杰毕业于华南农业大学工程学院自动化专业，参加工作后专注于人工智能技术的市场应用，开启人工智能＋安保应用的创业之路。他秉承华农的校训，以华农人"踏实、朴实、务实"的精神，专注产品研发，开拓市场，从一个初创团队开始起步，努力与时间赛跑，与梦想前行。这是华农工科大学生创业的模范，是当代青年追逐梦想努力前行的真实写照。

　　　　　　　　　　　　　　　　　（图文：孔嘉杰　华南农业大学工程学院）

赖通明：奋斗的时光就是最好的"豆蔻"年华

赖通明

公司简介：赖通明为华南农业大学2015届本科毕业生，暨南大学EMBA在读，香港公开大学MBA在读，现任广州豆蔻信息科技有限公司总经理。公司旗下包括两个子公司，即广州豆蔻人力资源有限公司、汕尾豆蔻人力资源有限公司；平台两个，即"择校易"互联网升学规划平台、"兼职邦"人力资源服务专业平台。广州豆蔻信息科技有限公司依据青年学子在择校、兼职、就业等方面的刚需，旨在打造一个贯穿"升学—成长—就业"的系列平台。"择校易"是互联网升学规划平台，平台致力于为用户打破信息差，通过各种途径向用户解读和传递最新政策，并通过近7年的高考录取大数据分析，为高考学生提供智能化的志愿填报分析服务，其带领团队为"择校易"积累过百万的用户，合作的高校达一百家。"兼职邦"平台通过互联网方式整合大量用工信息，为会员提供贴身服务，全面采用"互联网＋人力资源服务"的运营方式：线上即时传递招聘信息，分享工作岗位；线下打造"专职、专注、专业"的服务团队，建立融"招聘、培训、输送、管理"于一体的服务体系，为企业和社会人员、大中专在校学生提供一对一的人力资源服务。

勤勉自励，根植校园踏上创业之路

赖通明来自肇庆市高要区的一个小农村，踏上创业之路的第一步，可以追溯到本科入学的时候。因为家里无法支撑他读书的开销，他便开始在校园范围内做起卖计算器、收音机等小生意，跑批发市场、入货再到做团购，以一人之力承担。赖通明在勤勉的初创经历中解决了自己在校的温饱问题，其间遇到各种各样的问题与挫折，他也曾退缩，甚至需要直面异样的眼光。但年轻的赖通明坚信，自己只能不断前行，才能走出自己的路。他的脸皮越来越"厚"，在不断跨过坎坷的历程中懂得了聆听，知道如何分析问题、解决问题。

赖通明大一第二学期开始到中国银行广东省分行做实习生，工作内容包括承接网银项目做市场开发；负责天河区各大高校的校园市场；组建团队、做渠道合作模式；承担把控和协调资源的工作。到了大三，赖通明开始在原有工作内容上，增加承担人力资源服务项目的任务，与美的、TTI等企业进行学生兼职输送合作，以上工作内容及项目发展使得他积累了一定的资金和人脉，为其以后创业打下了一定的基础。

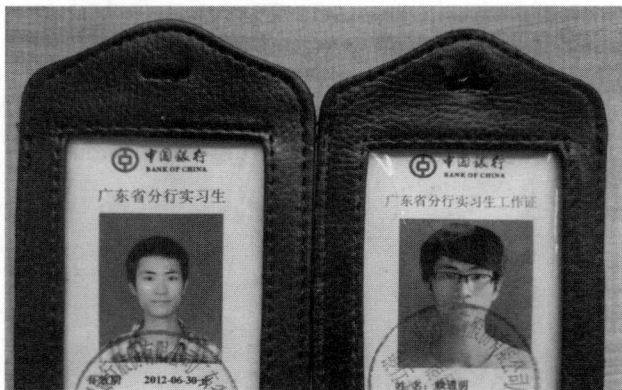

赖通明在中国银行实习工作证照

在校外实习历练的两年多时间里，赖通明切身领略到商业层面的风光，敢拼敢闯的他开始思考一直做的都是别人的项目，是否可以着手做自己的项目呢？大三下学期，赖通明便开始筹划创办公司，其撰写的创业项目方案获得当时生命科学学院龙新望书记的指导与支持，学院为其提供院楼的一个工作室，作为项目孵化发展的平台，2014年8月，赖通明创办的广州一滴浪文化发展有限公司成立，公司业务是为各大高校与企业提供文化产品设计与定制服务，在团队指导老师生科院何冬梅书记和徐冬冬老师的帮助和支持下，公司发展良好。2015年3月华南农业大学创新创业学院成立时，公司作为代表团队接受校党委李大胜书记授牌。

华南农业大学创新创业学院成立时李大胜书记为代表团队授牌

勇敢果决，用魄力加持应对危难的筹码

赖通明强调，创业者需要有魄力和解决问题的能力。他面向公司团队培训讲解案例时总是提及公司曾面对的一次危机关口。

当时西藏自治区林芝市政府和天维公司两笔数量庞大的订单同时抵达公司，公司若要顺利及时完成两批文化衫的制作，需要攻克两个棘手的难题：与时间赛跑并解决当时存在的资金流断裂问题。面对1.2万元的货款差额，有成员提出通过借钱来解决的方案，而赖通明心中所思却是：既然我们是创业团队，那为什么我们不能够自己把钱创造出来呢？

赖通明依据当前情况进行分析：距离交货款的时间还剩3天，而公司拥有一个巨大的优势——身处华南农业大学：在校生便有4万余人，且日常校园游客数量大。赖通明带领团队迅速落实决策——批发校园明信片，在校园范围内以情怀为商品亮点，两天奔走售出明信片400套，共计盈利7000元，最后一天时间，他们把工作室的空白文化衫库存运往岑村人流大的地方，以摆卖形式在最后关头凑足余下所需的5000元。赖通明认为，学生创业最起码要做到自己能养活自己，要具备一定的挣小钱的能力，如果一味地通过透支的方式解决问题，并不能处理实质性问题。

一往无前，转战互联网创业

2016 年 4 月，赖通明将创立的一滴浪公司传承给师弟师妹经营，同年 5 月，入股广州豆蔻信息科技有限公司，担任运营总监，打造一个"升学—成长—就业"的系列平台，具体负责建设和管理"择校易""兼职邦"两个平台。

豆蔻信息公司员工集体照

"择校易"平台项目组工作照

"兼职邦"平台项目组工作照

2017 年 6 月，赖通明立足当前经营公司，带领团队参加第十四届"挑战杯"广东大学生课外学术科技作品竞赛，荣获特等奖。公司发展势头良好，于 2017 年 11 月设立番禺分公司；于 2018 年 5 月设立汕尾分公司。2018 年 10 月，赖通明任公司总经理，全面统筹公司的经营管理与发展。

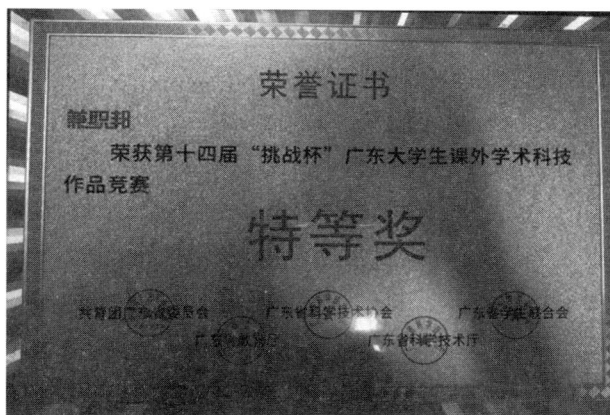

"兼职邦"参加第十四届"挑战杯"广东大学生课外
学术科技作品竞赛所获奖牌

赖通明认为，公司的发展离不开人才的发展。作为公司总经理，2019 年规划除努力发展业务市场布局与体量外，重点还放在打造创造力团队上，公司每一个人都需要挖掘自身深层的需求，将出色完成工作后所带来的创收匹配自己未来发展的内心需求，让全体成员走上创业的道路，让所有员工变成有价值员工，打造公司"焦点创造力"的企业文化，缔造可持续发展的基因。

创业心得

创业就是找到一个实际的需求点，围绕它进行深化剖析找准载体，不断通过市场经营来发现问题并逐一解决问题的过程，这个过程必将又苦又累，我反复地盘问自己。

1. 我想要把项目做到什么目标，公司的愿景是什么？我们需要对自己所做的事情有坚定不移的信念并一直充满激情，尽一切可能去靠近目标。

2. 团队的工作是否满负荷了？在分工明确的前提下大家都必须有饱满的工作热情，只有通过团队成员各司其职不断地创造出其应有的价值，公司才有可持续发展的可能。

3. 现金流是否安全？每个阶段的工作计划、盈利分析与开支规划必须做详细，创业型公司很容易因为资金周转问题或者亏损问题导致难以翻身。

4. 我们是否足够专业？无可挑剔的专业能力是一切的基础，专业度是未来的筹码，项目推进所遇难点大多是专业层面的难题，专业度到位事情自然容易起来，同时也是公司及个人最好的品牌。

5. 遇到最大的困难，无计可施了，别放弃，相信总会有更好的办法。

专家点评 | 杨清国　广州城建职业学院党委书记

赖通明及其团队能够本着"沟通互联、服务学生"的发展理念，高效、稳妥地根据学生的需求优化和开发相应的功能与服务，获得了众多高校及知名企业的支持，得到了众多学子的肯定与好评，为高校形象展示、企业品牌树立、学生择校与就业提供了良好的平台。

（文：赖通明　图：赖通明　豆蔻公司文化图片库）

刘高阳：兽医硕士打造宠物直播平台，化身"宠物爱心大使"

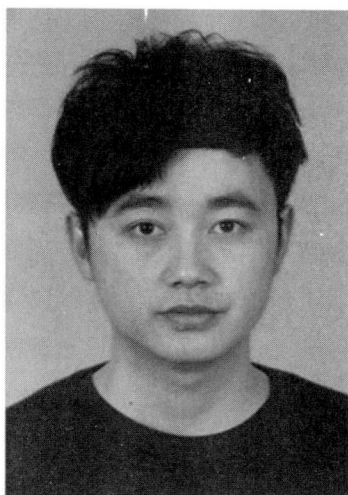

刘高阳

在读书期间，刘高阳意识到宠物行业有很大的商机。刘高阳和团队瞄准了新媒体宠物直播，通过新媒体直播的方式把宠物市场连接起来，并且结合了专业的兽医团队与崭新的营销方式。经过前期的搭建和运营，刘高阳已经在华南农业大学创业孵化基地建立了直播平台，开展宠物科普直播，到2020年9月累计粉丝1000余人。刘高阳和团队在线上直播的同时加快建立线下基地——迷途森林宠物基地，该基地集合了宠物寄养区、训练区、猫咖和客人休闲区等。同时为满足直播的需求，基地新增加了2个宠物直播间。此外，刘高阳和团队依托会馆基地，在线下策划组织宠物沙龙活动、参加流浪动物救助相关公益活动、开展流浪动物义诊，以及养宠科普进社区服务等活动，创立一个多方位服务的宠物平台。刘高阳和团队还以森林迷途宠物会馆的名义为流浪动物捐助了1吨宠物食粮。

瞄准商机，开启新媒体宠物直播

刘高阳是华南农业大学兽医学院的一名硕士生，在读书期间，刘高阳意识到宠物行业具有很大的商机。经过相关调研和搜集材料，刘高阳发现，宠物行业是社会经济发展进入较高水平时衍生出的新兴产业，随着宠物市场的发展，科学饲养宠物的观念逐渐普及，我国宠物行业经过二十多年的发展已逐渐形成规模，2012—2018年我国宠物行业市场规模不断扩大。据相关数据统计，2017年我国宠物行业市场规模达到1470亿元，2018年我国宠物消费市场规模更是达到了1722亿元。于是，刘高阳猜想，宠物会俘获越来越多城市青年人的心，中国宠物经济正在快速发展。这个发现，促使刘高阳走向创业的道路。

作为"90后"的刘高阳清楚地知道，随着网络自媒体的快速发展，宠物行业作为一种服务类行业，需要借助互联网的东风通过网络途径进行宠物市场的拓展。现如今宠物医疗市场逐渐趋于正规化，但服务性市场并未规范化，通过新型自媒体途径传播宠物市场更是凤毛麟角。宠物直播作为一种新兴的直播方式，就2019年淘宝直播平台上数据来看，同行的竞争力度较弱，注册备案的宠物主播只有29人，大部分主播主要是围绕自己的宠物用品以及周边产品在淘宝直播平台上进行简单直白的售卖，而以专业指向科普为主的直播可以说是基本没有。于是刘高阳和团队瞄准了新媒体宠物直播，通过新媒体直播的途径把宠物市场连接起来，并且结合了专业的兽医团队与崭新的营销方式，作为自身的立足点。

经过前期的搭建和运营，刘高阳已经在华南农业大学创业孵化基地建立了直播平台，开展宠物科普直播相关栏目。到2020年9月累计粉丝1000余人。刘高阳和团队通过在淘宝网开展宠物直播，也取得了一些阶段性成果，结合专业人士挑选的优势宠物产品，以科学的方式成功带动货物出售，平台的关注度不断上升，获得了粉丝的一致好评。前期开展的新媒体宠物直播在短时间内便收获了大量的粉丝和关注度，刘高阳和团队更加坚信线上直播的方式是有发展潜力的，也是符合宠物行业发展的。

（a）　　　　　　　　（b）

宠物直播间直播情况

随着创业项目的发展和新媒体客户量的不断积累，刘高阳和团队加快建立线下基地。很快，刘高阳和团队建立了迷途森林宠物基地，该基地集合了宠物寄养区、训练区、猫咖和客人休闲区等；同时为满足直播的需求，基地新增加了2个宠物直播间。此外，刘高阳和团队还策划在基地开展线下的宠物沙龙活动、社会流浪动物公益活动，以及养宠科普进社区服务等活动，创立一个多方位服务的宠物平台。

迷途森林宠物会馆主体楼

迷途森林宠物会馆大型犬寄养区

迷途森林宠物会馆猫咖

拓展线下平台，打造宠物沙龙系列活动

　　刘高阳和团队深知，当线上的直播积累到一定基础的时候，必须尽快打造线下平台，才能使公司更加稳健发展。刘高阳经过与团队成员讨论，决定结合宠物医疗保健提供线下的宠物体检以及相关医疗服务，同时开展宠物沙龙等系列活动。从平台的选址到平台的定位，刘高阳和团队通过市场调查做了一定的优化。经过策划，刘高阳和团队依托会馆基地，在线下组织了"以爱为名"的狗狗交友活动，通过宠物主人与爱宠的趣味交流，增加客户黏性。

　　"宠物party"也是刘高阳和团队策划的特色活动之一。刘高阳和团队意识到，宠物主人之间的交流也是增强客户黏性的重要途径，在服务宠物的同时也服务宠物主人，为他们提供一些养宠知识和宠物讯息，如宠物配种、宠物基因检测、宠物基因保存、宠物生日聚会等，增加宠物主人和宠物的互动，丰富线下活动。

刘高阳和团队发现，随着养宠人数的不断增多，宠物活体销售的市场也有很大的发展空间。于是，他们进行了市场调研，发现猫的市场在逐渐扩大，犬的训练需求也在不断增加，因此刘高阳和团队决定依托宠物基地，以销售猫的活体和犬的训练为主，作为宠物基地收入的重要部分。随着项目的发展壮大，刘高阳和团队同步开展了宠物繁殖，进一步降低成本，增加了营收利润。刘高阳和团队通过开展一系列特色的宠物活动，他们的迷途森林宠物会馆也得到了广泛的宣传，吸引了一大批宠物主人的关注。

宠物沙龙活动剪影

回馈社会，投身宠物社会公益活动

对刘高阳和团队来说，创业并不是他们唯一的目标，从事兽医行业的他们，一直以来都很关注宠物行业和热爱宠物，他们更想在创业的同时，依托自身所学的专业知识回馈社会，力所能及地开展一些宠物公益活动。

纵观宠物服务市场，其发展趋势是宠物的诊疗趋向于宠物医院，其费用昂贵，并且较为分散，而对于宠物主人来说宠物社区服务是最方便、最快捷的。因此，刘高阳和团队开展了公共卫生公益活动——"科学养宠科普进社区"服务活动。

一方面在社区宣传人畜共患病以及公共卫生安全等相关科普知识，另一方面为公司吸引流量，增加线上的客户粉丝。

公共卫生公益活动"科学养宠科普进社区"服务活动

随着我国养宠人数的不断增加，流浪动物的数量也越来越多。目前，流浪动物的生存十分困难，救助的紧迫性日益增加，刘高阳和团队对于流浪动物的关注度也逐渐提高，于是他们积极响应号召加入了流浪动物救助的组织中。刘高阳和团队所加入的阿派流浪动物救助组织，是全国首家连锁流浪动物领养中心，其能够为流浪动物提供多方位展示自我的平台，提高被领养的成功率，同时帮助更多有意领养者直接接触到流浪动物，甚至与动物互动，帮助领养者了解动物的习性。同时，刘高阳和团队还参与了流浪动物救助组织开展的 30 天拯救计划，该计划通过与广州市慈善会、广州市社会组织联合会合作，以联合募捐的形式筹集项目资金，并发起领养代替购买的倡议。项目筹集的资金将全部用于被救助的城市流浪动物，工作人员经过挑选、免疫、绝育等一系列救助流程，将动物送到 hello 阿派领养展示中心进行周期为 30 天的展示，在展示期内领养人可以面对面与流浪动物互动，以此提高流浪动物的领养成功率。除此之外，刘高阳和团队还以森林迷途宠物会馆的名义为流浪动物捐助了 1 吨宠物食粮，积极参加流浪动物救助的相关公益活动以及开展流浪动物义诊等活动。

（a）

（b）

迷途森林工作人员参加流浪动物公益活动

创业心得

刘高阳于 2012 年进入华南农业大学兽医学院就读，本科期间一直在宠物临床方面不断学习，最初于 2016 年萌生创业想法，由于经验不足最终失败。在 2017 年研究生期间，在不断丰富专业知识的同时，拓展自己的社交能力。2018 年，开始从宠物直播入手，立志给宠主们提供最安全可靠的宠物产品以及服务，6 个多月的摸索后，最终获得一定的成绩，在线上客户的积累下，他们开展了线下宠物服务，向客户提供更便利的交流平台，创业项目正式落地，同时也获得了学校的大力支持，该基地成为华南农业大学兽医学院毕业实习基地，他们也将为师弟、师妹提供一个展示自我和发展自我的平台。

专家点评 | 李英　华南农业大学兽医学院副教授

　　随着人们生活水平的提高，人们在宠物市场的消费也会越来越多，越来越高端。迷途森林的创业符合人们的消费趋势，也带着刘高阳的期许。该项目为兽医学院研究生自主创业的项目，能非常好地结合所学专业特色和符合当代年轻人的爱好需求，结合萌宠和消费者喜闻乐见的直播推广方式，具有一定的市场拓展能力。项目虽然进入了宠物大市场，但是还没有找到要解决的痛点，或者说没有发现市场需求的爽点，造成项目聚集的粉丝数量有限，因此，需要进一步挖掘，选择适合的细分市场，进一步研究和开拓。

（图文：刘高阳　华南农业大学兽医学院）

杨洁：华农女硕士逐梦科研
创新猪粪生物降解技术

杨 洁

个人简介：杨洁为华南农业大学 2019 届资源环境学院农业资源利用专业型硕士研究生。在校期间发表 SCI 论文 3 篇（其中 2 篇为 1 区，1 篇为 2 区）、EI 论文 1 篇，以第二发明人申请 3 项发明专利。她在为期 3 个月的连续性猪场废水外加碳源反硝化脱氮试验科研项目中发现：经曝气后的猪场废水中添加 3.8% 的猪粪水解液碳源后，脱氮效率可达 80%；基于导师王德汉教授申报的广东省农业农村厅项目"模块化发酵柜中猪粪干式发酵产沼气与堆肥一体化研究"，研发猪粪渗滤床发酵产沼气新工艺，主要创新点为：猪粪发酵无恶臭、猪粪全量生物降解、转化为生物质能源，不存在猪粪堆肥的出路问题，该项目核心技术已申请一项发明专利，并发表 3 篇 SCI 论文。目前，杨洁就读于哈尔滨工业大学（深圳）能源与环保专业博士研究生。

三春暖晖，照耀梦想生根发芽

华南农业大学，是杨洁学术之梦开启的地方。她一直对母校怀着深深的感激之情，2013 年高考填报志愿的时候，杨洁因为分数只比重本线高出几分，一度认为自己就读重点大学的希望即将落空。但天公作美，美丽的缘分将杨洁与五湖四海一片林的紫荆校园联结，她作为 2013 级环境科学专业的一名本科生，翻开了在华南农业大学不断成长的扉页。

本科在读期间，杨洁的生活丰富而充实，她曾参加学校"千乡万村科普行"下乡活动，获得"广东省环境友好使者"的称号。她的学术梦想在理论学习与专业实践中不断生根、萌芽、破土而出。转眼间到了第三学年的第二学期，杨洁在毕业就业与考研升学的抉择中毅然决然地锁定继续向学术道路前进的目标。选择继续深造不单是因为杨洁的父母自小灌输她读书有益的理念，也因为她心中总觉得自己要做点什么，以更好地体现自身价值。2017 年的春天，考研的成绩并不是杨洁理想的结果，杨洁原以为自己必须接受再考一次的最坏打算了。此时华南农业大学刚好有调剂名额，母校再次温情地向杨洁敞开怀抱，杨洁开始尝试联系资源环境学院环境系的老师们，在截至调剂的最后一天，她收到了确定被环境资源学院王德汉教授接收为农业资源利用专业型硕士的消息。内心五味杂陈，那一刻，杨洁暗暗下定决心，在母校继续深造的研究生时光，她要写出与别人不一样的故事。

疾风劲草，踏踏实实追逐炽热梦想

杨洁在华南农业大学的故事翻开新的篇章。第一学年的上半学期，导师王德汉教授没有给杨洁安排过多的任务，经常嘱咐她务必注重理论学习。勤奋自主的杨洁在保证专业学习的基础上亦积极参加学生组织，每一天都过得非常充实。

第一学年的第二学期，王老师结合杨洁培养计划及个人情况，为她定下课题并指导其开展试验。"你见过凌晨 4 点的洛杉矶吗？"是科比笑着面对记者问其为何如此强大时给出的反问，而满天星光、行人寥落、寂静无声的校园亦曾是杨洁追逐炽热梦想的背景。为了试验需要，杨洁不乏一人在院楼实验室通宵达旦地取样做试验的经历，往往次日清晨六点才返回宿舍。有时候因为宿舍大门开启的时间慢了几分钟，杨洁还会去操场溜达几圈。当时的杨洁并不认为科研给她带来的是苦，而是觉得为了科研的自己很酷。

科研项目试验装置

第一个试验为期3个月，却并没有想象的那么顺利。初始时期的数据处理"乱七八糟"，王老师明确指出：数据处理不好，你的试验就是白做。杨洁及时自我反省并调整学习策略，以压力为动力，用今日的拼搏拥抱明日的读博之梦。她非常清楚地知道，要跨入博士研究生学习的门槛，发表学术文章是极为关键的要素。专业型硕士研究生学制两年——730天，当前已然流逝四分之一，而读博一般需要在毕业前一年10月即开始准备，杨洁掐指一算，自己仅剩7个月的准备时间，刻不容缓。

试验的不顺利不免为杨洁带来懊恼的情绪，但慈祥耐心的王老师总是在润物细无声的指导中给予她最暖心的鼓励与最有力的支持，让杨洁克服所遇到的困难并进一步坚定信念：科研道路本就不易前行，必须坚持，不能轻言放弃。

冲云破雾，用奋斗之灯照亮科研之路

杨洁着手的第一个试验是将猪粪水解液作为外加碳源的研究。规模化养猪场普遍采用大容积的黑膜沼气池处理粪污，污水停留时间长、沼气量大、发电多，但沼液 C/N 低，后续生化处理中反硝化时碳源不足，导致 NO_2-N、NO_3-N 累积高达 253.41 mg/L、脱氮效率低。杨洁在导师的指导下试验利用粪便消毒预处理工艺（70℃、1h）制得一种猪粪碳源（PMC），先模拟反硝化试验评估其碳可利用性，再与商业碳源乙酸钠的反硝化效果作比较，最后利用在 3 组 HRT 的沼液 SBR 工艺中缺氧搅拌段添加 PMC，验证其反硝化效果。结果表明：外加 PMC 时反硝化适宜的 C/N 为 6.5，即 PMC 添加量为 3.8%，且优于商业碳源乙酸钠的反硝化效果；未添加碳源时，3 组 HRT 的 SBR 工艺生化出水 NO_2-N 含量为 100 ~ 110mg/L、NO_3-N 含量为 40 ~ 70 mg/L，TN 含量为 180 ~ 210mg/L；添加 PMC 后，3 组 HRT 的 SBR 工艺生化出水 NO_2-N 含量低于 0.02mg/L，NO_3-N 含量低于 5mg/L，TN 去除率达 90%；在 HRT 的 SBR 工艺搅拌段 2h 内，反硝化速率由 1.87 mg NO_3-N/（gVSSh）提高至 25.37 mg NO_3-N/（gVSSh）。添加猪粪水解液作为碳源能有效提高沼液 SBR 生化系统的脱氮性能，猪场 SBR 工艺系统生化出水 NH_3-N、TN 含量均达到我国《畜禽养殖业水污染物排放标准》（征求稿）中 NH_3-N 40mg/L、TN 70mg/L 的要求。PMC 属于内部碳源，猪场就地取材，实现废物循环利用、成本低廉。

 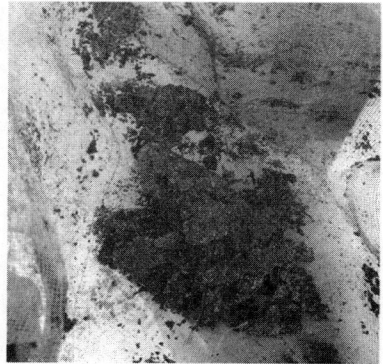

（a）   （b）

（a）全混厌氧发酵后的猪粪残渣；（b）LBR-CSTR 最适工艺参数处理后的猪粪渗滤。

猪粪渗滤渣风干产品

杨洁同样出色完成的第二个试验是基于王老师申请的广东省农业农村厅项目。目前养猪场最突出的环保问题是猪粪堆沤产生的恶臭与猪粪出路，究其原因主要是猪粪含水量过高。高水分猪粪既不能直接堆肥，也不宜直接发酵产沼气，猪粪直接投入沼气池，会产生大量浮渣与沉渣，产气效率低。因此，杨洁在导师的指导下改变传统猪粪处理模式，将高水分猪粪先喷淋在含有垫料的渗滤床上，每天利用循环水淋洗猪粪渗滤床，产生的渗滤液泵入沼气罐发酵产沼气，沼气罐溢出液作为淋洗的循环水；重点探讨无机垫料种类、淋洗液回流比以及每天淋洗次数等因素对猪粪减量化效果与发酵产沼气的影响。结果表明，陶粒作为垫料、淋洗液 100% 回流及每天淋洗 2 次时，猪粪减量化率达到 97.35%，渗滤液甲烷产率 (167.6 mL/g VS) 高于文献报道的猪粪最高甲烷产率 (131.4 mL/g VS)。在王德汉教授的悉心指导下，杨洁研发的猪粪渗滤床发酵产沼气新工艺实现突出创新：猪粪发酵无恶臭，猪粪全量生物降解、转化为生物质能源，不存在猪粪堆肥的出路问题。

风干后的猪粪渗滤渣代替泥炭土作基质培育蔬菜效果对比

　　硕士研究生 2 年时光，3 篇 SCI 论文，1 篇 EI 论文，3 项专利申请受理。可观的数字蕴含着杨洁克服困难过程的无数艰辛。文章投出去被拒几乎是家常便饭，但杨洁相信每一次被拒亦是向成功迈进的一步。王老师教导她，写文章要先过了自己这一关，才可以呈现给别人。于是杨洁认真研读已成功发表的优秀文章，再与导师一起讨论如何修改完善。申博环节如期而至，但杨洁的文章依然是在投状态，意料之中她并没有拿到录取通知。

同时面对文章未被接收的沮丧与可能读博无望的失落，杨洁始终没有放弃，而是在夜深人静时专心地修改文章重投，继续认真地准备读博资料。努力的回报也许会迟到，但并不会缺席。2019 年 4 月，杨洁所投文章开始陆陆续续被接收，并赶上哈工大（深圳）土木与环境工程学院第三次补充招博的末班车，最终成为哈工大（深圳）能源与环保专业的一名博士生。她的学术故事，还在书写。

学术心得

杨洁非常感谢导师王德汉教授的一路指导，她认为做科研不仅需要坚持不懈，创新也至关重要。平时要多注重相关研究领域的最新文献追踪，要有批判性思维，还要推陈出新。坚信自己可以，努力就能实现。

专家点评 | 王德汉　华南农业大学资源环境学院教授 研究生导师

杨洁同学在校期间为人谦虚好学，在科研方面积极主动，能够全身心地投入科研工作中，成果突出，达到了事半功倍的效果。杨洁开展的猪场废水外加碳源反硝化脱氮研究大大提高了猪粪的利用率，解决了传统堆肥处理的出路问题，创新思路明显，对相关研究具有示范性作用，值得推广应用。

（图文：杨　洁）

刘宏辉：稳扎稳打　创建生鲜农产品优质供应链

刘宏辉

公司简介：刘宏辉为华南农业大学 2014 届本科毕业生，在交通银行东莞分行工作一年半后，2016 年 6 月，在清远创立"广清微农"农产品品牌，建立"广清微农"生鲜农产品连锁店铺，进行清远农产品品牌打造和推广；2017 年加盟广州迷之味食品有限公司，担任总经理，创建"薯大人"和"迷之味"产品品牌，建立清远、阳江、佛山、增城四大种植基地，开始打造生鲜农产品的产销一体化体系。经过不断尝试和努力，迷之味业务在 2018 年从生鲜农产品产销一体化逐步转变为生鲜供应链服务，产品逐步进入各大社区超市以及团餐配送供应链企业，并且开始逐步建立自己的平台运营团队，开始水果板块的调研和积累。2019 年，迷之味在原有的基础上接触水果板块，特别是增加了东南亚水果板块的产地服务以及供应链服务，形成了泰国榴莲、龙眼、杧果三大产品的产地基础，现正逐步参与推进菲律宾椰子的产地开发。

过去的三年，迷之味坚持不断完善自身，现已初步形成自有供应链体系；未来三年，迷之味将在原有基础上不断努力，巩固自身优势，以期做大做强。

启程年，整合出发开启迷之味品牌打造征程

2016 年，广州迷之味食品有限公司正式开始经营。刘宏辉团队借助现有基础资源并结合自身优势，敲定选择休闲坚果产品方向，公司初创时期主要经营红枣、枸杞等坚果休闲零食食品。团队成员整合自身生活经验与专业知识，聚焦加工包装及品牌设计，致力于打造专属的产品品牌形象，借助当前渠道资源基础，积极搭建公司自有的线上与线下销售渠道。

迷之味品牌 logo

刘宏辉团队敏锐地把握并高度重视在校学生及白领等消费群体，在精确分析目标群体和划分推广区域的基础上，集思广益确定渠道搭建形式。投入人力物力经地面推广、校园活动等方式，快速在广州地区各大高校建立起学生代理销售团队以及迷之味休闲食品客户集群，"美味一点，幸福一点"的口号逐渐在客户群体内变得耳熟能详，成功建立迷之味食品品牌。

奋进年，转型升级驶入生鲜供应链服务车道

刘宏辉团队并不止步于品牌的成功创立，2017 年，迷之味开始调整团队架构进一步整合资源，果断进行转型升级，开始切入生鲜农产品领域。

"薯大人"品牌产品——一点红番薯

契合广东省提升农业组织化程度，加快农业发展方式转变，促进农民就业增收，推动现代农业强省建设的时机，刘宏辉团队开始着力打造薯大人品牌系列产品，先后在清远建立石湖村委会番薯种植基地；在佛山三水建立100亩番薯种植基地；在阳江阳西建立200亩冬季马铃薯种植基地；在广州增城建立80亩种植示范基地，分别进行迷之味"薯大人"品牌系列产品"一点红""西瓜红""板栗香薯"以及马铃薯的种植。与此同时，刘宏辉团队在综合谋虑后，积极推动在惠州市惠东县、陆丰市、英德市等地合作生产基地的建立，从而形成稳定的生产供应产地体系。以一持万，立足产地优势初步建立起广东、浙江等市场批发、番薯藤等社区超市以及团餐的连锁供应，并积极开放拼多多等线上销售平台等销售渠道，迷之味开始进入产销一体化发展模式。

图新年，求变闯出迷之味特色的供应链服务道路

2018年，刘宏辉团队对发展现状进行分析，并进一步明确公司的角色定位，迷之味战略性地逐步退出种植基地的管理，集中精力进行农产品供应链的服务，大力开拓市场渠道体系以及农产品体系的增加。

　　"薯大人"系列产品在原来只有番薯品种的基础上，逐步增加紫淮山、贝贝南瓜、水果玉米等特色优质农产品。卓越的品质与鲜明的特色推动产品逐步打进钱大妈、佳鲜农庄、千鲜汇、乐家生鲜等各大连锁社区超市，迷之味一步步稳固市场地位，成为乐禾食品、天天生鲜等团餐供应链需求企业的供应商。2018 年，迷之味供应的社区连锁生鲜超市门店达 450 余家，年营业额提至 600 万元。迷之味由产销一体化转化为专注市场销售，农产品 B 端供应形成初步的规模。

薯大人系列品牌——紫淮山

薯大人系列品牌——贝贝南瓜

优化年，建立完善迷之味企业核心竞争力

2019 年，刘宏辉团队在总结分析往年产品情况的基础上，进一步探索企业核心竞争力的建立与完善。迷之味清点原有产品体系，保留薯大人优势产品后增加水果板块的拓展，特别是东南亚进口水果的供应，先后在国内建立了猕猴桃、苹果、葡萄等国产水果合作源头；在泰国建立了迷之味榴莲、龙眼加工包装工厂，并组建了自己的技术团队，形成泰国水果的产地优势；同年参与推进菲律宾椰子独家进口业务的开发。

参观迷之味泰国榴莲供应产地留影

刘宏辉团队在业务方向持续发力，使得迷之味逐步进入每日一淘、洋葱等第三方电商平台的供应服务。2019 年 6 月，公司开始在拼多多、淘宝、天猫经营"迷之味"以及"薯大人"两个品牌的电商平台店铺，搭建自己的电商运营团队，逐步扎实迷之味供应链服务基础，初步形成以迷之味特色农产品为基础、优势国内外水果为主的产品体系；建立以电商平台供应为主、自有商城店铺为辅、线上线下供应相结合的业务模式。

参观迷之味泰国龙眼供应产地留影

过去三年（编者注：以 2019 年为坐标），刘宏辉团队稳步启程、全力奋进、精心优化推动迷之味品牌的发展。未来三年，迷之味将会集中力量打造平台供应链基础，着力夯实国内外产品源头的基础，建立具备优势的产品体系，打造一两个在全网具备竞争力的产品。同时，建立有竞争力的线下开发维护团队以及有战斗力的线上运营团队，双向发力，以点带面，形成自己稳定的供应链体系。

创业心得

刘宏辉认为，创业需要不断超越，不断成长；需要不断创新，也需要忍耐坚持。这既是个人需要，也是团队需要。在企业求生存、图发展的征程上，需要结合企业自身的优势和资源，跟紧时代的步伐，稳步摸索出适合自己的模式，搭建好强有力的团队。也要相信，在坚持自己的同时，需要不断进行完善和改进。在未来，迷之味会牢牢结合自己的优势，努力让自己的优势最大化，深耕行业，不断突破升级。

专家点评 | 曾璇　华南农业大学创新创业学院副院长

从银行进入生鲜供应链行业，这需要莫大的勇气。刘宏辉进入了一个非常困难也非常有前景的行业，并且在短时间内就建立了比较完整的薯类等供应链，销售数据逐年攀升，也获得了一定的经验，表现优异。生鲜消费市场巨大，但是生鲜销售却一直被人诟病，几毛钱一斤的大白菜进入城市零售市场就成了几块钱，就因为生鲜供应链的打造非常困难。主要原因在于生鲜产品生产的周期长，过程中有许多不可控因素；而且生鲜产品生产具有非常强的季节性和地域性；另外，生鲜销售可预测性差，造成物流环节极大的损耗。生鲜供应链打造的集生产、植保、储存、物流等于一体，每一项都具有相当难度，项目成功的关键一方面是应该聚焦品类和客户群体，进行深度挖掘；另一方面是联合生产企业、物流配送、终端消费，利用物联网、互联网技术进行订单式销售，解决生鲜产品生产和销售过程中的问题，一旦成功则经济和社会意义巨大，项目具有非常广阔的前景。

（文：刘宏辉　华南农业大学经济管理学院　图：刘宏辉）

沈文昌：不做白领做龟农，销售额六千万 上央视传授"致富经"

沈文昌

公司简介：沈文昌于 2015 年在校期间开始创业，运用水产养殖的专业知识、敏锐的眼光，把握住市场机遇，开展中华草龟的养殖和贸易工作，布局中华草龟市场。创业以来，沈文昌专注于中华草龟的养殖、繁育、贸易，以及新品种研发、龟鳖产品的应用及市场推广，不断整合资源，促进广东龟鳖产业的健康可持续发展。其所创立的广东彰诚生态农业投资有限公司（以下简称"彰诚公司"）是一家集龟鳖种苗繁育、养殖、贸易，龟鳖加工产品研发，养殖、繁育技术咨询服务为一体的现代化农业企业。

截至 2021 年 9 月，彰诚公司在中华草龟育种、养殖领域已取得较大成就，建成广东最大的草龟经销集散中心。其在广东佛山、江西南丰、浙江湖州拥有龟鳖销售基地、两大龟鳖合作社。年产龟鳖 600 吨，龟苗 300 万只，年产值可达 6000 万元。沈文昌通过"公司＋农户"的经营模式，建立规范化养殖技术体系进行生产示范，带动养殖户创富增收。同时，沈文昌积极响应国家乡村振兴和精准扶贫政策，与广东省河源市紫荆县诚安种养合作社合作，为当地贫困居民提供草龟养殖的生产物资和技术支持，年产值超过 500 万元。沈文昌的创业事迹获得了包括中央电视台《致富经》、广东卫视、广州电视台、《羊城晚报》、腾讯网等多家知名媒体的宣传和报道。

沈文昌在检查草龟生长情况

90后小伙黑泥塘里发龟财

以后肯定会有一个爆发或者是有个市场

沈文昌接受央视记者采访

新闻嗅出养龟商机，凑来 18 万元变 1000 万元

　　"世界上从不缺乏机遇，只是缺乏抓住机遇的双手。" 2015 年从华南农业大学水产养殖专业毕业的沈文昌，就有着这样一双善于抓住机遇的手。恰好 2015 年全国掀起大众创业、万众创新的浪潮。在毕业之际，面对同学要么深造做研究，要么转行当白领，沈文昌却不走寻常路，选择投身一线养殖成为 "龟农"，在黑泥塘里摸爬滚打创业养草龟，第一年的营业额就超过 1000 万元，前三年累计营业额达到 1 亿元。

　　沈文昌来自浙江湖州，父辈经营龟鳖养殖，自己所学专业也是水产养殖。在大一时，沈文昌就对自己的未来做好了规划，找好了发展的方向。在大学期间，沈文昌给自己定下了几个小目标：掌握水产养殖的相关技术，摸索出龟类养殖的经验，未来开办自己的生产厂和加工厂，实现"养殖、饲料、加工"的新模式。

当时的草龟，在相当长一段时间内，都是没人养的低价龟、赔钱龟，在2011—2014年商品龟价格甚至只有养殖成本的一半，走势相当低迷，以至于当沈文昌的父亲得知沈文昌毕业后要养中华草龟时，极力反对。那为什么沈文昌还要坚持选择饲养中华草龟呢？这是因为沈文昌在2014年上学时，看到了一则关于中华草龟的新闻，大意是将于2015年颁布的《中华人民共和国药典》（简称《中国药典》）规定龟甲胶的原材料须选用中华草龟的龟甲和龟壳。根据新闻，沈文昌判断，被低估已久的中华草龟市场很快将会迎来一次爆发。于是沈文昌在毕业之际，向父亲借了10万元，还说服了两个同学一起出资，筹集了18万元，正式开始了创业之路。

彰诚公司顺德经销中心

2015年是沈文昌创业的第一年，同时也是抓住机遇的一年。在这一年，新版《中国药典》颁布，传统草龟养殖大省浙江宣布将在三年内拆除所有不达标的养殖温室；新版《中国药典》的颁布，使得草龟的需求空前增加，另一方面，由于传统养殖大省浙江的政策，使得绝大多数的草龟养殖户退出了草龟养殖，市场供应量大大减少。在短短几个月的时间里，平日里价格十分低迷的草龟变得炙手可热，所有的草龟价格大幅上升。而沈文昌团队通过前期的市场布局、谋划和准备，将早已养在塘中的草龟苗、商品龟，在价格高位卖出。在 2015 年，公司的营业额就突破了 1000 万元。

中华草龟

成功来之不易，路上总有些磕磕绊绊

虽然沈文昌一开始占据了销售草龟的风口，赚了让同行们都意想不到的第一桶金。但越来越多的同行进入草龟销售这个方向，面对越来越大的市场竞争，沈文昌带领的团队没有被压垮，反而迎难而上，创出了更大的营业额。

华南农业大学的创业指导课程给了沈文昌很大的启发。"以前老一辈做生意都是单打独斗的，和竞争对手老死不相往来，但是在这个信息互联互通的时代，还用这种方法，就会跟不上市场的步伐。"沈文昌上这门课的时候，和老师有过深入的交流，看到很多现代成功维系生意的例子，在面对劲敌的时候，除了提升自己的核心竞争力，优选的举措就是选择合作，而不是拼命抵抗，恶性竞争。

纸上得来终觉浅。沈文昌面对同样境况的时候，果断将这个道理运用到生意场上，和广州另外一支实力强劲的团队合作。对方的优势是货源足市场大，而沈文昌团队的优势则是有华农水产养殖专业技术作为依托，最终，两支团队互通有无，进行了资源的优化配置，从而取得了一加一大于二的效益。除了创业路上遇到强劲的竞争对手，沈文昌团队也遇到过其他大大小小的磕绊。一开始，养殖场的保护设施不够完善，让附近游手好闲的人看到漏洞，经常在凌晨发生"偷龟"的盗窃事件，致使养殖场蒙受巨大的损失。

沈文昌也曾经错估了温室乌龟放养到室外池塘的最佳时间，让一大批乌龟没能熬过冬季。面对这些磕绊，沈文昌觉得有些事情是要经历过才会长经验的，很多事情是要交学费的。

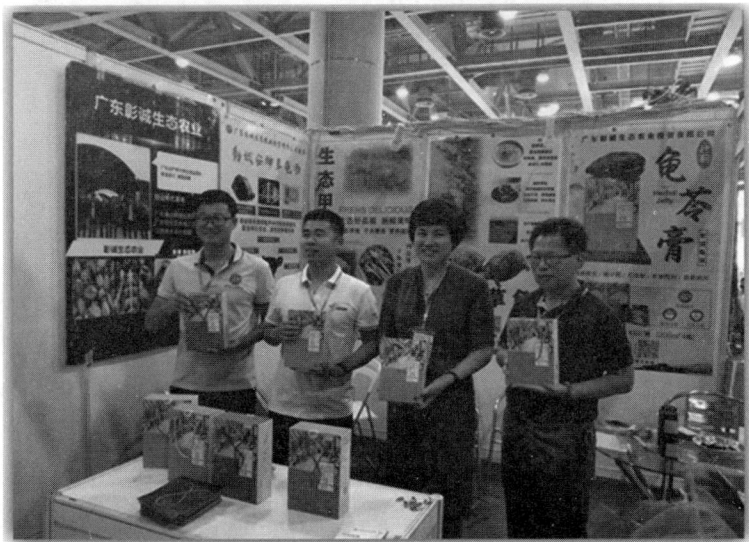

华南农业大学领导和老师参观彰诚公司宣传展位

农业创业，大有作为

我国是世界上最大的龟鳖养殖国和产品消费国，2016 年我国的龟鳖产量和消费接近 30 万吨，我国龟鳖市场的主要消费去向有民众消费（民众消费也分高层消费和普通消费）、企业消费、宾馆饭店消费、进口采购消费、出口和内部种质需求。到 2016 年，市场的消费流向为：民众消费占 40%，种质需求占 10%，宾馆饭店消费占 30%，企业公关和政府采购占 20%，由此可见，我国的龟鳖还未步入民众普通消费市场。

沈文昌看到了龟鳖市场发展的前景，并以龟鳖类产品为核心，以中华草龟苗活体为切入点，通过以广东地区养殖的绿色生态中华草龟为原材料，秉着"宣传龟鳖文化,推崇膳食养生"的理念,辅以中华草龟独特先进的养殖技术、市面上最优的生产资料以及较为成熟的加工技术,对龟体的龟肉、龟板、龟甲进行全面的、综合的最大化利用,充分发挥龟鳖类产品的食用、药用价值,开发适合大众的养生食材。

彰诚公司推出的龟苓膏产品

响应国家扶贫政策,带领贫困户增收致富

自 2017 年起,沈文昌创立的彰诚公司积极响应国家扶贫政策,携手深圳龙华区街道办事处、河源诚安种养合作社,在河源市紫荆县 4 个村开展中华草龟养殖,一举打开了扶贫新局面。据扶贫工作组组长给出的数据,该项目一年的产值可达 560 万元,截至 2018 年 6 月,该地区未脱贫的 4 个村 160 户 607 人,共有 443 人达到脱贫标准,脱贫率近 73%。

2019 年,彰诚公司在广东省"领头雁"精准扶贫重点项目立项评审中荣获一等奖的好成绩。乡村振兴,脱贫攻坚,沈文昌一直在路上!沈文昌在农业创业领域,争当"领头雁",在农村的广阔天地干事创业,不忘初心,练就过硬的创业本领,敢于担当,助力精准扶贫,做中国梦的助力者!如今,沈文昌的目标之一,就是为广东品牌农业的发展做出表率和示范，依托现有的资源吸纳青年返乡建设家园，争取带动更多贫困户增收致富。

沈文昌在"领头雁"精准扶贫评审会上作交流发言

作为广东"跑"得最快的中华草龟，沈文昌的创业事迹获得了包括中央电视台《致富经》栏目的专题报道，以及广东卫视、广州电视台、《羊城晚报》、腾讯网等知名媒体的宣传和报道；同时还获得第五届"创青春"广东青年创新创业大赛成长组一等奖等各大创业项目奖项。

公司荣誉（部分）

创业心得

对于未来的路，我们将发挥技术优势，奋进新时代，开阔视野，按照"公司 + 农户"的模式，继续建设基地，构建完善的产销网络，培育自有品种，研发高新培育技术，把中华草龟养得越来越好；也将进一步开拓终端消费市场，完善销售渠道，不断通过资源整合，促进产业的可持续发展。同时继续实践"公司 + 农户"模式，把更好的技术带到农村，带动更多农户脱贫致富，助力国家脱贫攻坚。

专家点评 | 郑大睿　华南农业大学海洋学院党委副书记

沈文昌是我校 2015 届毕业生，也是我校大学生农业创业的典型。沈文昌凭借专业知识和新一代的市场眼光和思维，看到了中华草龟市场的潜力和机遇，投身养殖贸易，做起了"龟农"，并创造了年营业额 6000 万元的业绩。在他创业的过程中，从市场调研、养殖推广、农户合作到精准扶贫，都是一步一个脚印；他结合专业知识，借助培训导师、学校支持和政策引导进行创业，加入团省委与我校共建的"牛哥驿站"，为乡村振兴注入青年新力量。沈文昌在农业创业领域中，争当"领头雁"，在农村的广阔天地干事创业，乡村振兴，脱贫攻坚，他们一直在路上。

（图文：沈文昌　叶利　宋静月　梁丽珊　何冠乐　华南农业大学海洋学院）

王涵沁：新时代的智慧牧场梦

王涵沁

公司简介：广州市旭珩科技有限公司（以下简称"旭珩科技"）成立于 2018 年 5 月，其由华南农业大学动物科学学院的王涵沁与华农的几位学生创立。最初团队以深度学习的图像识别技术作为核心，将牧场的生产实践作为切入点，主要开发的产品有母猪分娩智能警报系统、母猪发情智能系统、公猪精液分析 App 等。2018 年 9 月，受非洲猪瘟的影响，旭珩科技决定调整产品结构，用过硬的技术和硬件设备敲开了社区人脸识别方案和智慧酒店管理的大门。

公司将之前规划的智慧畜牧业项目暂时搁置，以为社区提供人脸识别技术加强小区安全建设项目和为智慧酒店管理提供硬件为主营业务。公司通过参加不同科技博览会等形式进行宣传，已有稳定的客户群体及完善的供货链条。2020 年公司的年营业额达到 500 万元，为后面重新启动智慧畜牧业项目打下更坚实的基础。

旭珩科技团队建立之初的合照

大学期间萌发创业梦，与猪业结下不解之缘

2015年9月，王涵沁在华南农业大学龙鹰校购做负责人，该团队主要服务于新生，售卖新生用品，在这里王涵沁赚到了人生的第一桶金。关于王涵沁的创业故事要从2016年的夏天说起。当时王涵沁上大三，经过两年的专业课学习她发现自己深深地爱上了农牧行业。农牧行业作为一个传统的行业，存在技术落后、效率低下等诸多问题，王涵沁想着自己能否为这个行业做点什么。巧合的是，这时王涵沁有幸从一位快毕业的师兄手中接手负责了一个省级的创业实践课题，当时该项目已经入驻华南农业大学的创业孵化基地，此时的王涵沁欣喜无比，正式开始了创业道路。

然而，在王涵沁和团队做畜牧场规模创业项目的过程中，他们了解到全国的中小型养殖企业占据我国生猪养殖的70%左右，而这些养殖场大多建设简陋，存在规划不合理的情况，绝大部分养殖场没有足够的资金去重新做规划和设计养殖场。王涵沁和团队深知，真正在农牧行业成功创业并不是一件容易的事。养殖场更多关注的是如何能实现看得见的效益增长，硬件设备不能改，饲料配方不敢乱动，兽医疫苗也基本没有创新的可能。但通过在基层学习的经历，王涵沁和团队人员还是发现了基层养殖企业存在的问题：母猪作为猪场生产的核心往往决定了养殖场的经济效益，在欧美等发达国家一头母猪每年能提供25头商品肉猪，而我国每头母猪每年仅能提供 18 头商品肉猪，加上近几年随着进口猪肉的冲击，我国生猪养殖行业一度陷入恐慌。如何提高我国母猪生产效率成为我国生猪养殖行业的当务之急。

带着这个问题，王涵沁和团队经过深入调查后发现，在猪场生产和管理过程中有三个重要环节严重制约了我国母猪的产能。首先，正常情况下母猪是常年发情的动物，每年可发情配种两次，故准确判断母猪进入发情状况对母猪的繁殖管理十分重要，然而，在我国通过人工鉴定母猪发情的准确率只有 75% 左右；其次，发情期母猪配种过程中公猪精液的质量严重影响了配种的成功率和产仔猪数量，对公猪精液的质量检测包括精子数量、精子存活率和精子畸形率，而这些技术层面的手段对于普通养殖户来说几乎是不可能实现的；最后，在母猪分娩的过程中，仔猪的高死亡率也最终决定了母猪年提供商品肉猪数的低下，初生仔猪活力低下，易丧失体温，在工作人员不能及时介入和护理的情况下极易造成仔猪的死亡，在我国这一死亡率更是高达 17%。基于这些重要的发现，王涵沁和团队决定紧紧围绕母猪的细节管理来提高生猪的养殖水平。

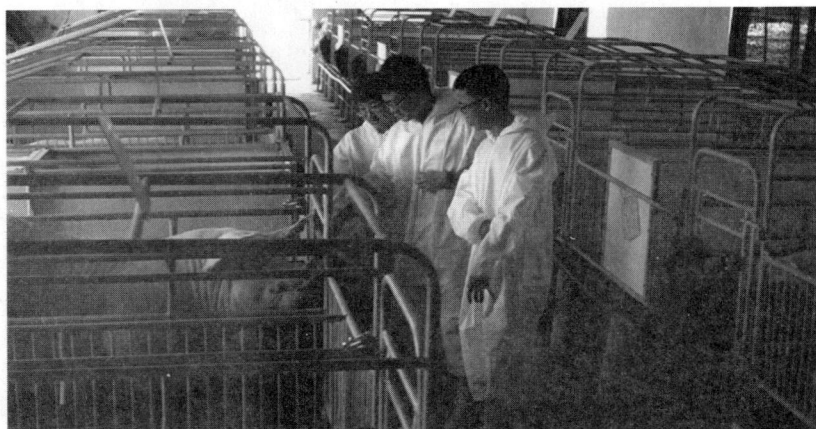

旭珩科技团队在猪场采集数据

整合多方资源，潜心项目研发

在项目的具体实施过程中需要技术的介入，所以在正式运作前王涵沁和团队考虑了无数种可能解决的方案，但最终都失败了，最后团队决定采用 AI 技术。

AI 技术具有实施快、效果稳定、无须与畜体接触的特点，通过机器深度学习的图像识别技术实现对母猪运动行为的准确分析、对精液的分析以及对母猪分娩过程的识别可以有效地实现对母猪发情行为的准确鉴定、精液的快速分析和分娩过程的实时警报。为此，王涵沁和团队联系了四川大学和华南农业大学从事机器深度学习技术研究的桑高丽博士、杨阿庆博士等人，经过两位老师的指导，王涵沁和团队制订了一整套系统的解决方案，并找了多位行业专家对解决方案进行评估，令王涵沁和团队惊喜的是，这个方案得到了国家生猪种业工程技术研究中心主任兼温氏食品集团股份有限公司养猪事业部副总裁吴珍芳教授和广东广垦畜牧工程研究院院长郑业鲁研究员等人的高度认可，并且在温氏集团和广东广垦畜牧工程研究院的大力支持之下开始了项目的研发。

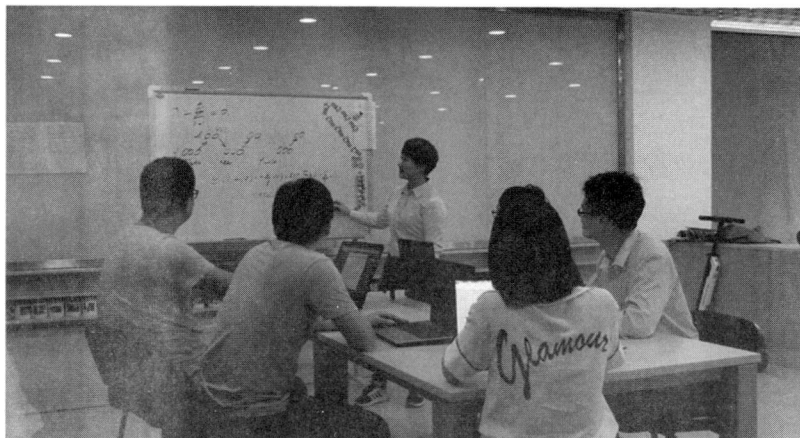

旭珩科技团队在办公室开展数据建模讨论会议

精益求精，研发出母猪发情智能鉴定系统

机器深度学习技术是一种模拟人类大脑学习工作过程的计算机技术，用在图像识别上需要用大量的数据进行视觉训练。王涵沁和团队通过查阅大量的数据和资料发现，在发情阶段母猪会出现烦躁不安的现象，具体表现在站立、犬坐和躺卧等规律的改变。然而，在制订母猪发情鉴定方案时，王涵沁和团队计划采用机器自动识别母猪动作行为并经过统计分析后判定母猪的发情情况，但在方案实施

之前需要大量事实验证母猪的运动行为与发情到底有什么样的联系，靠运动行为判断母猪发情是否真的可靠？于是，在温氏集团的支持和帮助下，王涵沁和团队开始了研究的第一步——到现场验证。

对王涵沁和团队来说，通过人工观察母猪的运动行为比登天还难，母猪一会儿坐，一会儿站，时不时还来一段嬉戏打斗，几头母猪在一起会让他们看得眼花缭乱。于是，王涵沁和团队采用了一种比较"偷懒"的方法，用摄像头做记录。王涵沁和团队在猪栏舍的墙上装了鱼眼摄像头以便记录整栏三到四头母猪从断奶到配种期间的所有运动行为。他们拍了5000多头母猪从断奶到配种期间的运动行为，这个运动行为时间的持续天数一般为7～10天。拍摄视频对于王涵沁和团队来说并不困难，真正麻烦的是通过视频记录对每头母猪的运动行为进行分类记录，需要将母猪的动作分成站立、躺卧和犬坐等方式，并且分别记录各个动作的持续时间和交替关系。就这样，王涵沁和团队开始了"5000×7×24"（即5000头、7天、24小时）的"视频慢动作"分解工作。由于工作量巨大，团队的十几个人每天都要投入十个小时以上的时间来处理记录的视频数据，最终，王涵沁和团队用了两个多月的时间终于把5000头母猪的数据处理完毕。值得庆幸的是，王涵沁和团队数据分析出来的结果和文献报道的完全一致，这也就意味着他们可以通过对母猪站立、躺卧和犬坐等运动行为的分析来实现对母猪发情的鉴定。

然而，仅仅验证了行为间的相关性对于产品的开发是不够的，还需要在技术上实现让机器自动识别母猪的行为动作，于是王涵沁和团队采用了机器深度学习的图像识别技术。他们通过将母猪动作行为分为站立、躺卧和犬坐三大类，对收集的大量图片数据进行深度学习训练获得了能准确分辨母猪行为动作的识别模型。经过团队近半年时间的努力，通过将识别模型与自主研发的统计分析模型相结合，他们开发出了第一款针对提高母猪繁殖效率的产品——母猪发情智能鉴定系统。该系统能自动实现对待生产母猪 N×24 小时的智能监控，通过分析其行为学特征判断母猪的发情状况，该系统对母猪发情判断的准确率达到85%以上。该系统在国家生猪种业工程技术研究中心和广东广垦畜牧工程研究院的帮助下，顺利在广东温氏集团开展了产品的推广和试用。

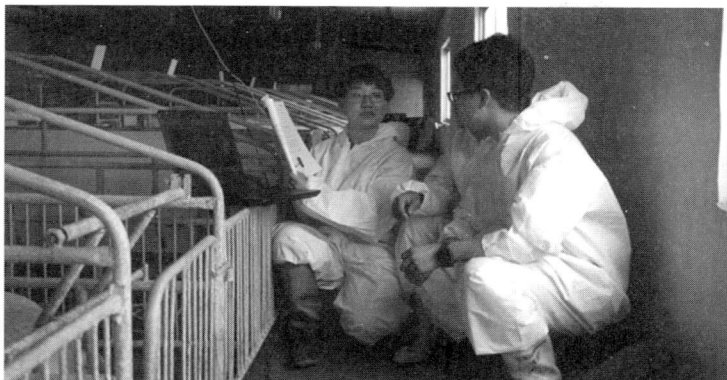

旭珩科技团队在猪场现场调试设备

以强农兴农为已任，坚守智慧牧场梦

在众多企业和单位的支持和帮助下，王涵沁和团队在很短的时间内进行了母猪分娩智能警报系统和公猪精液质量在线分析系统的开发。创新驱动生产，创业彰显实力。畜牧业作为传统农业，对新技术的运用是缓慢的，作为新一代农林院校的大学生，王涵沁和团队觉得他们有责任也有能力将新时代的新技术运用于畜牧行业的生产。自从旭珩科技团队建立以来，团队收到了大量畜牧企业和学校领导老师的关心与支持，顺利与多家企业签订了合作开发和采购协议，同时王涵沁和团队积极参加各类创业大赛，都取得了非常优秀的成绩。

教育部专家组及华农校领导考察团队的创业情况

蔡更元研究员与团队在温氏猪场合影留念

在 2018 年王涵沁大学毕业之际，她请教了许多老师和专家是否要继续将项目做下去，经过与老师和专家的交流，王涵沁最后还是决定把项目继续做下去，坚守自己的创业初心。

没有什么事情是一帆风顺的。2018 年 8 月，在旭珩科技成立的第三个月，我国养猪行业出现了非洲猪瘟。王涵沁和团队看着赶超牛肉价格的猪肉价格，就可以想象到猪场的惨烈状态。这对于整个畜牧业来说是一场重大的灾难，让初创的旭珩科技团队举步维艰。2018 年 9 月，王涵沁和团队商量后决定调整旭珩科技的产品结构，用过硬的技术和硬件设备敲开社区人脸识别方案和智慧酒店管理的大门。旭珩科技将之前规划的智慧畜牧业项目暂时搁置，以为社区提供人脸识别技术加强小区安全建设项目和为智慧酒店管理提供硬件为主营业务。旭珩科技通过参加不同的科技博览会等形式宣传公司产品，现已有稳定的客户群体及完善的供货链条。王涵沁和团队相信，这将为他们后面重新启动智慧畜牧业项目打下更坚实的基础。

创业心得

王涵沁认为畜牧业从传统的大量人工养殖到信息化，再从信息化到智能化，有很长的路要走。作为新一代的畜牧人我们义不容辞。广州市旭珩科技有限公司将继续秉承华农动科人的初心，在保证公司正常运转的情况下，继续投入和研发更便捷畜牧场使用的设施和设备，做好数据收集和处理，为我国畜牧业智能化添砖加瓦。

专家点评 | 吴珍芳　国家生猪种业工程技术研究中心主任、温氏食品集团股份有限公司养猪事业部副总裁

王涵沁是我校动物科学学院的本科学生，作为动物科学学院的创业典型，她结合自身专业特长、钻研智慧养猪技术，先后研发了母猪分娩智能警报系统、母猪发情智能鉴定系统、公猪精液分析 App，获得了一些大型养殖企业的认可。智慧养殖是我国农业发展的大趋势，希望王涵沁结合专业知识和新兴科学技术进一步应用到畜牧领域，祝福她的团队越走越远。

（图文：王涵沁　华南农业大学动物科学学院）

韦六三：弃笔从农的新农人，助力"一带一路"农业项目建设

韦六三

公司简介：广州雨蔬农业科技有限公司（以下简称"雨蔬农业"）成立于 2015 年 12 月，前身为"雨心工作室"，由华南农业大学研究生、本科生联合创办，公司以"用技术武装现代农民"为宗旨，致力于培训和服务中国现代设施农业，帮助传统农业实现新型农业的转型及设备升级，帮助客户节约生产成本，提高耕作效率，保障农产品的质量与安全。此外，他们还希望培养新一代农民，引导新农人接受现代化农业的理念，掌握现代化农业的技术。

公司主要服务有：现代农场规划（以水培和基质栽培农场为主）、观光农场规划、休闲农业规划、农业科普农场规划、综合田园体规划、传统农场改造升级、水肥一体化设备搭建和服务、无土栽培技术培训和服务。

雨蔬农业将继续不断研发新的现代农业产品，致力于在现代农业领域不断完善服务和产品，不断修正现代农业领域存在的不足，以优质的服务维持与种植户的合作关系，致力于服务现代农业产业，努力做现代农业产业的中流砥柱。

韦六三（右一）在荷兰农场考察

现代农场建设

弃笔从农，燃烧起创业的火苗

韦六三是华南农业大学 2016 届的毕业生。对于出生在农村家庭的韦六三来说，能够到大城市读书是一件很不容易的事情。在韦六三上大学之前，他没有出过远门，大城市只停留在想象当中，上大学是韦六三第一次坐火车。刚来广州时，韦六三坐地铁还经常坐错站，加上大一时的学习成绩在班里基本上是倒数，生活与学习上的不适应让韦六三陷入了痛苦之中。幸运的是，韦六三还有写作这一爱好。于是，韦六三从大一开始，便以"韦围"为笔名在网络上创作小说。自律的韦六三坚持每天从晚上十一点到凌晨一点写作两小时，不论白天有多忙。到写作时间时，宿舍里的一方角落永远亮着微光，还有韦六三认真写作的身影。韦六三偶尔还会因为小说人物的命运起伏辗转反侧，彻夜难眠。付出总是有收获的，大学期间，韦六三创作了《胜奴》《等初恋的那三年》《划向月亮的扁舟》等七部小说，共计两百多万字，还签约了凤鸣轩、红袖添香、起点中文网等网站。甚至有读者用"沉默但思想世界很丰富"来评价韦六三的小说。这股对写作的执拗和内心深处对自由的崇尚不断激励韦六三在追寻梦想的道路上前行。

一腔孤勇的韦六三，发现了另一种可能。2013 年，当时国家还未提出"大众创业、万众创新"的政策，但学校里的创业氛围也比较浓厚，不过大多数学生创业者只是做一些小生意，卖些小物品，抑或是在学校街市租个店铺，韦六三属于既没有家底，也没有资金的人，自然不敢触碰。2013 年的暑假，在新生开学之际，韦六三的朋友劝说韦六三一起售卖新生用品，韦六三也是那种说干就干的人，拍大腿说："好啊，这个是不错的尝试。"于是，韦六三和几个朋友开始在大学里第一次尝试"做生意"——售卖新生用品。仅三天时间，韦六三和朋友们就挣了4000 多元，这给了他们极大的鼓励。后来，只要逮着机会，韦六三就会开始他的"生意"：女生节卖花，一枝花成本 5 毛钱，包装一下，就可以卖到 5 元一支；摆地摊卖衣服，因为不懂行情，韦六三亏得一塌糊涂，剩余的衣服也不知道该如何处理；韦六三甚至还做起了校园代理，折腾了一阵子，发现也不怎么挣钱，倒是学习到了很多东西。这些"生意"有的挣有的亏，让"商业的风险"这几个字深深刻在了韦六三的心里。

大三时，韦六三因缘际会进入了一家与农业产业相关的企业进行实习。这家刚成立不久的企业，非常需要补充新鲜血液，韦六三的真诚和可靠，以及身上特有的闯劲，使得他在众多面试者中脱颖而出。对于韦六三来说，这是他人生中的第一份实习工作，在这个充满活力的新公司里，韦六三学习到了很多有关公司运营的知识。器重韦六三的老板教会了韦六三关于市场推广、市场分析和产品功能覆盖等市场营销理念。得到老板重视的韦六三，丝毫不敢怠慢，在实习的两个月里，帮助公司把平台、推广模式以及产品服务等部分的基础给搭建起来。回学校后，韦六三认真思考起来，自己能够帮助公司搭建这些平台，为什么不自己去做呢？创业的火苗在韦六三的心里燃烧起来。然而，在创作和创业两者间取舍的时候才是韦六三最痛苦的，选择创业就意味着要放弃自己坚持了很多年的创作梦想。就在韦六三挣扎徘徊时，心里的另一个声音告诉韦六三，或许这就是上天的安排，自己也许会成为一个企业家而不是作家。于是韦六三召集了一群同样有创业想法的朋友，成立了"雨心工作室"。

一无所有，也就无所畏惧

凭着一腔热血和一股闯劲的韦六三和朋友建立了"雨心工作室"，然而，当时的工作室没有固定的办公场所，没有注册公司，没有合理的人员分工，没有明确的发展目标，更没有业务。除了韦六三自己知道要做什么，其他人对工作室的认识一无所知。由于工作室的不成熟，不断有人员离开，最后只有韦六三一人坚持了下来。韦六三告诉自己："自己喜欢的事情要坚持去做，即使失败了也无所谓，因为大学生本来就什么都没有，谈不上失败。即使真的失败了，比起没有去尝试的人，自己也能学习到很多东西。"

这种坚定的信念，驱使韦六三仍毅然前行。即使工作室只有自己一个人，韦六三依旧做自己的事情，以自己在实习期间学习到的知识，一步步从网络推广开始，从微信和微博开始，慢慢地积累起了一定的粉丝和客户。2014年12月，一个研究生加入了韦六三的工作室，成为韦六三的合伙人，一切开始变得不一样。

成功并非偶然，立足创新和放眼国际

韦六三能取得成功并非偶然，在他身上总有一些和别人不一样的地方。工作室新鲜血液的加入，让韦六三备受鼓舞。2015年12月，韦六三和团队成立了广州雨蔬农业科技有限公司，真正踏上了创业的道路。

韦六三和团队意识到当前中国农业还是以传统农业为主，缺乏现代的农业技术知识，而国家正在推动农业科技园区和设施农业的发展，于是韦六三和团队决定公司的目标就是实现现代设施农业的国产化和产业化。慢慢地，韦六三和团队建立了一套商业模式。

随着公司的不断发展，韦六三和团队深知公司要想长久发展，必须创新，单纯依靠其他企业的产品是无法长久的，只有自主创新才有出路，所以韦六三和团队下定决心要研发属于自己的产品。三年来，雨蔬农业每天花固定的时间进行实验，研究产出的蔬菜含量，不断进行测试，改良配方，一次又一次地推翻原有的配比，如今雨蔬农业已研发出了新型的"有机配方肥"，并且申请了专利。其余的实用新型专利也在陆续申请中。雨蔬农业主要提供农场规划和建设、农业技术培训和对外企业技术入股等服务；代理农资产品，并且售卖自主研发的配方肥和无土栽培专用肥等自主产品。同时，他们还将项目细分成新型职业农民培训、无土栽培农场、现代设施观光旅游业及生态餐厅、水肥一体化农场、政府扶持的农业项目等版块。

雨蔬农业自主研发的肥料

韦六三和团队还瞄准了"一带一路"沿线国家以及海岛缺水国家和地区的农业项目建设。具有强烈社会责任感的韦六三和团队，帮助位于柬埔寨西哈努克港的项目建设以及位于菲律宾长滩岛的项目规划和实验大棚的建设，助力中国与柬埔寨、菲律宾等国家的"一带一路"农业项目建设。此外，雨蔬农业技术入股荷兰加勒比海上威廉斯塔德的 Hu & Chen N.V. 公司，并常年安排技术人员驻扎在农场，对农场生产提供技术服务和产品质量把控，保证产品质量，在威廉斯塔德树立起属于 Hu & Chen N.V. 和雨蔬农业共同拥有的品牌。雨蔬农业更是帮助位于海岛地区的三沙市永兴岛建立了一个投资 800 万元、占地约 5 亩的无土栽培农场。该农场每天能生产蔬菜 250 千克，用于供应驻扎官兵和当地群众。韦六三和团队也顺利将雨蔬农业的业务拓展到东南亚国家和海岛地区。

雨蔬农业员工在海外项目库拉索提供技术服务

无土栽培农场

现代农场

　　经过韦六三和团队的不懈努力，截至 2019 年 9 月，雨蔬农业为包括香港百利来实业有限公司、东莞八亩八生态餐厅、惠州智慧未来农场等 65 个现代农场进行规划和建设；为来自全国和海外华侨的农业技术人员提供农场技术培训，实现 129 个农场的改造规划；建立雨蔬农业全国现代农业联盟示范点中山基地、惠州基地、广州基地和江苏基地等，打造雨蔬联盟；通过在微信等媒体平台的运营和推广，全网粉丝量超 15 万人。未来，雨蔬农业将致力于在现代农业领域不断完善服务和产品，不断完善现代农业领域存在的不足，以优质的服务维持与种植户的合作关系，努力做现代农业产业的中流砥柱企业。

雨蔬农业线下无土栽培技术培训合影

农业人员学习育苗

农业人员学习农场建设

雨蔬农业在东莞基地的项目

雨蔬农业在中山基地的项目

创业心得

1. 初入大学殿堂，大多数人犹如一张白纸，四年时光千万不要被游戏和剧目完全填充，只要在正轨上行动起来，每一步都是为未来的人生增添色彩。

2. 大学期间在保证学习的基础上，要注重培养自己的兴趣爱好，再把喜欢的事情变成擅长的事情。早期形成的兴趣和热情或许会与你相伴一生，并成为你事业路上的助力器。

3. 大学期间要勇于尝试，遭受挫折能让我们累积经验，如果足够努力与幸运，孕育的成功也许会成为你一生要去追求的事业。

4. 相比不敢踏出第一步的人，尝试本身即是一种经历，大学的沃土将为你宝贵经验的增长提供诸多便利与守护，经验增长本身亦是一种成功。

5. 从大学第一次摆地摊到自主创业，我总是有意识地寻找除打工之外的可能性，人生有意义的事情有很多种呈现形式。

6. 在创业的路上，需要明白努力会带来回报的奥义，因为付出的努力和收获的价值二者间是成正比的。在我看来，在所在行业中得以真正展示个人热爱和技能相当重要。

7. 立志成为社会的有用之才，打磨自身的价值所在，努力成为被需要的人。

8. 个人价值不单以劳动强度和劳动时间来衡量，更重要的是所做的事情本身的稀缺性和对社会的影响力。在我看来，创业是实现个人价值最大化的方法之一，在创业中你可以更自主去实现自我价值。

专家点评 | 曾劲　万学创世教育科技集团总裁

韦六三看起来有些平凡，甚至连说话都是细声细语的，任何时候都给人一种平静和柔韧的感觉。在他的带领下，雨蔬农业不知不觉中就取得了出色的成绩，研发出了一批为现代农业服务的技术，培训了一批现代农业技术人员和农业创业者。雨蔬农业将商业和盈利点聚焦于一两点，项目与他人相比具有差异化之处，体现了项目的亮点，短短数年间产品就走出了国门。农业是第一产业，一直处于被轻视的状态，但也是最具前景的行业，现代农业出路在于规模化、工业化、品牌化。雨蔬农业在规模化和工业化方面迈出了很大的一步。公司着力于发展东南亚地区业务，可以和国内"一带一路"倡议对接，站在更大的平台和层面去做事情。未来扩大团队力量，做好产品研发、市场销售、反馈和改进等系列机制，完善服务和产品，相信韦六三必有一番作为。

（图文：广州雨蔬农业科技有限公司　华南农业大学农学院）

吴观法：仰望星空，脚踏实地

吴观法

公司简介：吴观法为华南农业大学 2018 届本科毕业生，他本科在校期间便开始创业，充分运用所学专业知识，联合身边志同道合的同学，一同投身于物联网通信产品及方案的研发和设计，创立广州元电荷通信科技有限公司。创业以来，吴观法团队专注于网络通信产品研发、生产与销售，从普通路由器到 Wi-Fi 模组，再到工业物联网通信产品，团队从小做起、从点滴做起，以做良心好产品、为客户提供优质服务为理念，逐步夯实基础。公司主营业务为嵌入式方案定制、物联网方案开发，专注于嵌入式物联网设备的研发与销售。团队主要服务于油井采矿业，公司产品行销海内外，得到客户一致认可与好评。

初生牛犊不怕虎，开启"电子之路"

高考结束后的一个星期，创业的想法就在年轻的吴观法的脑海里诞生，他想开启自己的"电子之路"。吴观法认为，应组建一个以研发为主，拥有核心产品生产、销售的全方位运作团队。初生牛犊不怕虎，吴观法依据高中时期与同学及师长们研发制造机器人的经验，开启在广州和深圳电子厂商之间的奔波之旅。

在人生中最长的那次暑假里，吴观法在与广、深电子厂商的接触中，结识了众多在自己创业之路上提供帮助的人。他积极参与电子产品研发与销售，勤学好问，工作过程中主动与企业负责人进行深入交流；亲自跟随电子产业研发、生产、销售整条线路，切身感受体验电子行业的方方面面。入学前的两个月，吴观法作为一名准大学生，已经深切地体会到电子行业的复杂与高运转特性。

入学后，吴观法加入电子工程学院科技联合会硬件部。在积极活跃的部门内，吴观法与志同道合的伙伴惺惺相惜，携手一同专注研发，一同探讨技术细节。多少个挑灯奋战的夜晚，多少次相辅相成的磨合，年轻的灵魂彼此共鸣，一拍即合组建合作团队。吴观法的"电子之路"就此开启。

万事开头难，相濡以沫共面挑战

2015 年，吴观法团队正式建立，迈出"万里长征"的第一步。一开始，吴观法团队成员在宿舍集中办公研发，但很快问题就突显出来，由于成员并非舍友，而是分散在不同的宿舍中，不可避免地造成团队在协调作业上出现一定的问题。再者，由于宿舍是学校学生集中的休息场所，将办公场所设置在宿舍也会对其他同学休息造成负面影响。

除了办公场地难以妥善确定外，如何敲定研发、销售方向也是吴观法团队需要面临的巨大问题。由于当时团队成员都是大学一年级新生，电子基础知识不牢固、在生产与销售方面缺乏实战经验等突出问题摆在吴观法的面前。于是，吴观法同团队成员积极商量对策，最终一致决定先从最基础的电子通信产品——家用型路由器着手做起。经验对于电子产品的生产来说是极其关键所在，为应对团队成员缺乏经验的现状，避免因生产处理不佳导致产品实际使用质量下降，团队成员达成一致，决定先从拥有现成家用型路由器厂商处购买成品路由器，再在路由器中刷写团队研发的软件。

润物细无声，创业政策助力团队成长

在吴观法团队迟迟无法确定合适的办公场所，成员无不焦头烂额之时，学院辅导员带来了学校专为有计划自主创业的同学们提供专门场所，以供创业团队办公所需的好消息。吴观法团队欢呼雀跃，并在学院辅导员的指导下，成功向学校申请到一个创业园办公隔间。创业园成为吴观法团队的创业梦想之家，团队在正式的办公场所更加稳步地朝创业之路前进。

在资源丰富、氛围活跃的创业园中，团队得到创业园指导老师的亲切关怀与悉心指导，在每周一次的创业座谈会上，吴观法团队系统学习了企业管理、营销策划等方面的知识。更值得一提的是，得益于创业园指导老师邀请的校外企业人士，吴观法团队向企业一线人员提出自己的疑问并及时得到解答，从而得以更好、更有方向性、更有针对性地解决实际运转过程中遇到的各类问题。创业园春风化雨滋养下的一年，吴观法团队成员正式成立公司的时机逐渐成熟。2015 年年底，广州元电荷通信科技有限公司正式成立，并正式开展业务。

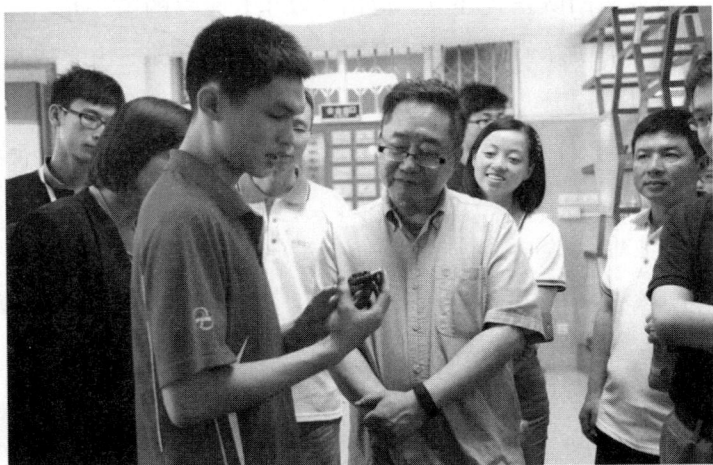

吴观法在创业园为参观人员展示样品

打铁还需自身硬，稳扎稳打坚守创业初心

当今时代，电子行业快速发展，产品更迭日新月异，吴观法团队稳扎稳打，聚焦高品质、高稳定性产品的研发制造，在研发、生产、销售各个环节投入大量

人力物力，切实保证产品质量。

第一份采购量上千的订单为吴观法团队带来一次真枪实弹的实战机会，但他们遇到了线路板厂商交货逾期的意外，导致再生产时间被迫压缩。针对突如其来的困境，吴观法团队成员携手直面，调整工作步伐，重新明确工作内容并整合分工，通宵达旦地作业，与时间赛跑，最终如期向客户交付产品。尽管订单时间紧、任务重，吴观法团队依然秉承着只提供高品质产品的初心，一步一步完成全套测试流程，产品服务得到了客户的认可与好评。

吴观法团队以自身兴趣为导师，积极将己之所学投于实践之中，在学校的关怀支持下，用一个个精巧的优质产品交出一份份漂亮的成绩单。电子通信行业在当今时代发展潜力巨大，广大青年学子大有可为，吴观法团队亦将不忘初心，砥砺前行，为社会提供更多、更优质的产品与服务。

创业心得

吴观法认为，自己赶上了干事创业的好时代，他喜爱的电子通信行业是一个有着巨大潜力的行业，这个行业关系全社会的方方面面，为市场提供优质物联网通信产品是有必要的，他将在此领域深耕。在未来的两三年内，团队将继续在工业物联网通信行业，完善供应链，完善销售体系，将更多更优质的好产品带给全社会，推动经济发展。

专家点评 | 陈滢　中国教育创新校企联盟专家委员会主任，慧科集团合伙人、首席战略官、慧科研究院院长

吴观法同学的"电子梦"在其高考结束后便自然萌生，这和他在高中时期对电子领域的认识、了解和积累息息相关，由此他也明确了眼前的"电子之路"。在大学期间加入相关部门，组建创业团队，并以一款路由器作为其创业的"起点"。在学校和企业的帮助下，吴观法的团队逐渐开辟出自己的商业化道路，但他们始终不忘坚守产品质量的初心，以稳扎稳打的态势不断前进，其提供的产品和服务也获得了客户的认可。在兴趣的支撑下，吴观法他们找到了自己想要做的事业，我们也坚信，他们能够为之而继续奋斗！

（图文：吴观法）

吴俊松："90后"新农人为耕者谋利，为食者造福

吴俊松

公司简介：广州崧源农业科技有限公司成立于 2014 年 5 月，主营农业种植、加工、销售与投资，自有 3000 亩葛根种植基地，投资 2 个国兰基地。创始人吴俊松从 2013 年开始服务于广东省扶贫农业，参与策划帮扶多个扶贫农村，得到广东省各级政府和媒体的一致认可。2017 年，广东省精准扶贫前十个产业扶贫项目有五个为吴俊松团队落地执行，以农业技术和销路带动多个地区近万名农户增收，助力乡村振兴。

广州崧源农业科技有限公司旗下品牌为"绿稻人"。"稻草人"在中国的文化中有"守护者"的寓意。广州崧源农业科技有限公司立志做新时代的绿色稻草人，做好守护消费者、守护贫困地区农民这一角色，为耕者谋利，为食者造福。

吴俊松作为嘉宾出席第 12 届国际食品冷链高峰论坛

扶贫电商：帮助扶贫点销售优质农产品

"创业是我从小到大的梦想，天生我就有一股创业劲。"生于广东潮汕的吴俊松受到浓重经商气息的影响，他在大学期间就曾表明："我想干点儿自己的事儿。"2013 年，走在粤北山区泥泞的小道上，看着这些贫穷落后的地方，内心涌起的那股情怀驱使着吴俊松想为这些地方做点什么。后来，机缘巧合下，吴俊松从老师那里了解到了"扶贫点"这个概念，也开始了解到这些地方虽然穷，却也是资源最丰富、享受国家政策最多的地方，直觉告诉吴俊松，这是一个方向。

吴俊松经过调查发现，农村贫穷的主要原因是年轻的劳动力都选择外出打工，不愿意留在老家，所以即使把村里的马路修好了，水库电站都修好了，年轻人还是觉得外出打工比较有前途，外面的世界资源比较多。恰恰因为这样，农村与城市的差距愈发大了。

带着这些问题，吴俊松陷入了深深思考。吴俊松曾试想，他与团队能否带着社会资源去农村挖掘新的资源，从而让年轻人觉得家乡也是有前途的，愿意回家乡发展。吴俊松认为，只有这样，农村才能真正地实现脱贫，所以吴俊松与团队带着农业资源与社会资源去帮助贫困户，并帮助贫困户打通对外销售的渠道。因此，扶贫电商——"绿稻人网"，一个连接农村与城市的区域化农产品电商平台应运而生。

吴俊松第一次在河源市龙川县义都镇中心村给村民
培训电子商务

　　开始的道路并不顺利。吴俊松团队来到广东省河源市龙川县义都镇对口帮扶的扶贫村，在扶贫村，吴俊松"厚脸皮"向农民宣传："可以放心把你们优质的农产品交给我，我帮你们销售。"对于扶贫点的农户来说，面对突如其来的陌生人跟他们拉家常、谈买卖，他们难以产生信任。甚至很多农民觉得吴俊松与团队是大骗子，有一位大妈直接拿扫把赶他们走。吴俊松反复在思考：为什么我做的是好事，村民们却不愿意相信我？第一次进村对吴俊松来说算是失败了。几天后，吴俊松和团队重新带着笔记本电脑和投影仪，厚着脸皮卷土重来。这一次他们借助村里简陋的场地支起投影仪，吴俊松给村民做了一场关于电商知识的讲座。陆陆续续来了 20 个村民，就这样二十几人挤在残旧的村委会办公室里，当讲到农业电商的趋势时，农户基本听不太明白。每讲一段就会离开几个人，当全部讲完时，只剩下了三四个人，而真正愿意支持工作的只有两个人。沮丧的心情陪伴着吴俊松他们从农村归来，但吴俊松想到的不是放弃，转而想到的是应该怎样去调整。农民需要的是依靠农业技术来达到丰收的目的，吴俊松团队首先想到了母校——华南农业大学。于是，他们成了华南农业大学第一个去找校长谈创业项目的学生团队，在与陈志强副校长一个多小时的交流中，吴俊松表示想依托校方的支持，希望学校派教授定期下田间，走进扶贫点，给农民带技术，指导农民种田，让农民在他们的电商平台上销售农产品，带着农民来创业。这一次的谈话很顺利，吴俊松的"扶贫电商"概念得到了学校的支持。对于吴俊松来说，这无疑是迈出了创业奠基性的重要一步，尔后的农村工作也顺利了许多。

吴俊松是华农第一个本科期间到中山大学演讲的学生

对于吴俊松和团队来说，农村电商是块难啃的大骨头，更是一个烧钱的活儿。"最后一公里，最初一万单"是这个行业要生存必须跨越的鸿沟。刚开始的几个月，除却偶有几单，近乎零流量零点击率的现实让吴俊松与团队十分无奈。在那段时间，吴俊松的团队成员开始有所动摇，不断有人离开，离开的伙伴让吴俊松不断反思，所幸留下来的伙伴仍在一起商量对策，同时也有一些新加入的伙伴提供了许多值得思考的思路。因此，年轻的"绿稻人"团队在不断磨合中，一边学习一边成长。没有资金烧，只能拼营销，多参加宣讲活动，通过移动互联网进行快速传播，一个"为 ta 做一次有玫瑰花香的米饭"的活动让吴俊松和团队策划的大米系列产品小有名气……

吴俊松和团队在磕磕碰碰中，咬紧牙关，坚持了下来。幸运的是，"谷东"（吴俊松的客户）因为之前通过电商下单购买大米，觉得品质非常好，于是在春节前，吴俊松和团队收到了客户几十万元的订单，终于在电商平台赚得了第一桶金！

用品质去打动人，从线上链接线下，扶贫电商在 2015 年来临前，帮助了一批辛苦种水稻的农民，也让吴俊松和团队终于找到了方向。

广州崧源农业科技有限公司与惠来县隆江镇凤光村"红薯扶贫项目"合作签约仪式合影

扶贫联盟：整合多方资源，助力精准扶贫

2015 年 3 月，吴俊松和团队开始策划组建扶贫联盟，开始把过去一年多的积累转化为资源优势。同年 5 月，这套模式就帮助梅州市五华县的两个村庄销售出了 4 万株的灵芝活体，成功连接了 200 户城市家庭，销售额总计过百万元。9 月，吴俊松和团队还帮助梅州市大埔县的村民销售了 40 多吨蜜柚……

2016 年 6 月中央电视台《生财有道》栏目对吴俊松进行采访

从扶贫电商到扶贫联盟，在新一轮的扶贫工作中，吴俊松和团队对帮扶单位进行帮扶活动。他们开始从线上走到线下，越来越多的扶贫单位与公司加入他们，

小溪汇聚成了河流，力量进一步壮大了，于是吴俊松和团队想到了精品电商化，即将普通农产品导入大型农批市场与专业渠道，让扶贫的路子走得更宽一些。

在吴俊松和团队的不懈努力下，2017 年产值达到了 2500 万元，同时将"技术、标准、销路"等服务打包带到更多农村。其中，吴俊松和团队于 2017 年在揭阳市惠来县操盘的"紫醉金迷红薯"更是创造了惠来当地的电商发货纪录，"35 天、6 万单、172 万元……"每个数字都在创造惠来当地的电商历史。

吴俊松在广东省"互联网 + 精准扶贫"论坛上分享
创业历程

吴俊松参加广东省"互联网 + 精准扶贫"论坛暨广东省
电商扶贫成果展合影

葛根产业：助力乡村振兴

食品专业出身的吴俊松对中医食疗理论有比较深入的研究。在研究中，吴俊松发现葛根是治疗糖尿病的原材料，而他最爱的奶奶因糖尿病去世，其晚年经受的痛苦吴俊松历历在目。基于粉葛本身的市场价值，并且能够帮助糖尿病患者，这非常贴合企业的理念，吴俊松决定静下心来钻研葛根。

2017年，吴俊松和团队率先在揭阳、清远、云浮、阳江等地市落地扶贫项目，这也是这些城市在新一轮扶贫中的首个产业帮扶项目。

贵州三都县给广州崧源农业科技有限公司
颁发的牌匾

在这个过程中，吴俊松亲自带领团队去研究葛根的种植技术，摸透葛根的生长习性。2018年，公司成功培育出"粤葛1号"和"粤葛2号"，对于带动更多的农民参与有着深远的意义。技术是驱动农村发展的关键。数千年来的小农经济制约了农村的发展，也制约了人的思维。机械化、规模化、集约化加上科学种植，是中国农业未来发展的方向，这一次，吴俊松和团队迎来了"风口"。

"粤葛1号"和"粤葛2号"种植情况

广州崧源农业科技有限公司为农户开展葛根扶贫项目
培训会合影

2019 年，吴俊松的公司开始投入加工环节，用第二产业去带动第一产业，让农业生产能够得到更大的保障。因为前些年一直致力于规模化与机械化的种植，吴俊松和团队也逐渐摸索出了一套种植标准。同年 8 月，广西梧州市常务副市长吴浩岭亲自带队到广州崧源农业科技有限公司考察项目，希望吴俊松和团队为梧州市葛根产业做出一套产业升级方案。

从 2013 年开始着手做电商扶贫项至今，对吴俊松来说，收获最大的是农民的一句"谢谢"，在未来的扶贫道路上，吴俊松希望在帮助别人的同时，也能实现自己的价值。

广西梧州市常务副市长吴浩岭带队考察广州崧源农业
科技有限公司葛根产业

创业心得

"为耕者谋利，为食者造福"是我们创业的初心，在这些年的创业历程中，也更坚定了我们的信念。如今，葛根产业是我们的主营业务，规模化、机械化和集约化是我们自身的优势，第一、第二、第三产业融合发展是我们的战略，我们愿意带着更多的农民，走大农业、科技农业发展之路。农业，大有可为，乡村振兴，大有可为！

专家点评 | 魏剑波　华南农业大学食品学院党委书记

吴俊松在读大学的时候就开始创业了，年轻人做农业很苦但也很酷，所幸他坚持不懈，带着农民去创业才慢慢拥有了今天的成绩。他们是真正把扶贫、乡村振兴当成了自己事业的立足点，这是年轻人非常难能可贵的情怀和品质。我和他亦师亦友，更是他创业路上的见证者，由衷祝福这位敢闯敢拼、有想法、有智慧的"90后"取得更大的成功！

（图文：广州崧源农业科技有限公司　华南农业大学食品学院）

许炼：新媒体传播历史知识的创业者

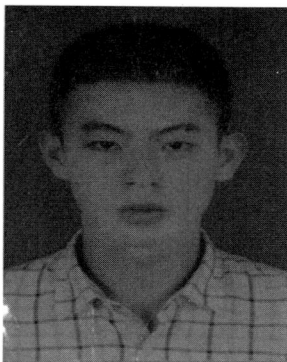

许 炼

公司简介：许炼于 2018 年 1 月 2 日创立广州协虎文化传媒科技有限公司。公司经营范围包括：软件批发；软件零售；软件开发；游戏软件设计制作；软件服务；市场营销策划服务；群众参与的文艺类演出、比赛等公益性文化活动的策划；贸易代理；贸易咨询服务；动漫及衍生产品设计服务；美术图案设计服务；多媒体设计服务；饰物装饰设计服务；广告业；商品批发贸易（许可审批类商品除外）；商品零售贸易（许可审批类商品除外）；文艺创作服务；艺（美）术创作服务；文化艺术咨询服务；电子商务信息咨询；互联网商品零售；等等。

学院 头条学院
2017年11月01日 · 头条学院官方账号

他在头条写出来历史领域百万文章，如今自己开公司内容创业！

05:20

↻ 10   💬 37   👍 119

许炼参与拍摄的头条学院宣传片

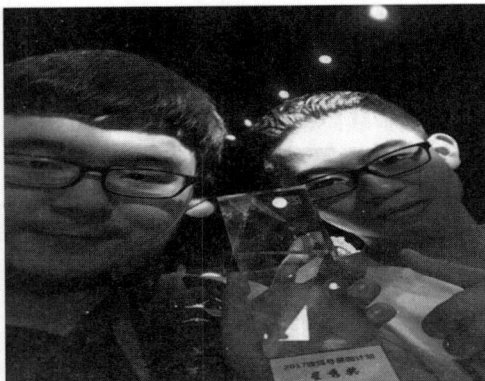

许炼参加"搜狐 2017 星图计划发布会"

怀揣梦想，探索历史传播新途径

填报高考志愿时，许炼就抱着钻研历史的初衷报考了华南农业大学的历史系，希望以后能成为一名教书育人的历史老师。进入大学深入学习专业知识之后，他愈发思考一个问题："如何做才能更好地传播历史？"多番思虑，许炼认为仅仅依靠担任老师的职业，自己穷其一生能传播历史文化的范围绝对是有限的。于是，许炼开始寻求新的方向。大一的时候，许炼加入了师兄创办的新媒体团队，并在 2016 年报名进入了今日头条官方创办的头条学院进行学习，从中获取大量的新媒体知识。因综合表现突出，结业时许炼荣获了头条学院官方颁发的"优秀学员"认证证书。2017 年上半年，许炼凭借自己创立的"协虎战争史"项目参与了今日头条主办的"跳动未来"大学生新媒体创业大赛，并获得全国十强的荣誉。而后，他又受头条学院邀请前往北京拍摄个人宣传片。

正式创业之前，许炼大一至大二期间的大部分时间均在师兄创立的新媒体团队参与工作，从基础编辑到团队内委任的副总监，从编辑、运营分发到基础管理均有实践，其间认识了业内的一些朋友以及领域中的知名人物（如"脑洞历史观"的蒋柳老师），这为他后来的创业打下了基础。虽然许炼没有多次参加创业类比赛积累参赛经验，但他在 2017 年的"跳动未来"新媒体创业大赛因取得不俗成绩而崭露头角。对许炼来说，最初的动机就是想要借助新媒体的力量更好地传播历史文化。

筚路蓝缕，创立"协虎战争史"

2017 年 4 月，许炼离开原来的团队，创立了"协虎战争史"，跟随他步伐的还有刚好就住在许炼隔壁宿舍的小伙伴陈伟国。协虎战争史在校立项时，前期工作也离不开陈伟国的协助与支持。许炼表示，创业伊始的资源确实不多，他十分感谢项目导师周志荣老师的关爱及帮助，使他得以认识一些后来对自己创业帮助很大的老师们，如头条学院的王月芳老师、华农创院的陈永晴老师等，王老师与陈老师后来分别在他运营自媒体、创立公司方面给予了莫大的指导。2017 年，许炼曾三次前往北京，当时搜狐历史频道的袁老师亦给予了他很大的帮助。

2017 年 7 月，团队增加了两名土木专业的小伙伴，当时"协虎"还没有办公室。于是，他们就搬进了茶山小区楼下一个小茶铺的隔间。这个隔间条件很差，因环境密闭，暗无天日，办公只能开灯，每天一开门进去就是扑面而来的浓重的湿气，地上不时出现僵掉的虫鼠尸体。然而，即使条件很艰苦，这群充满梦想的年轻人依旧对创业充满热情。

工作了两个月后，团队终于攒了一笔小钱，搬到了岑村西街的一间一房一厅的出租屋内，在那里大概又做了三个月，才终于通过创新创业学院的审核，搬到学校孵化基地办公。公司创立之初的前半年，团队办公室实现从一间暗无天日的小隔间，再到套间过渡，终于搬到综合环境良好的学校孵化器，团队成员戏称期间就是一直在打"游击战"。接下来，团队较为稳定地在莘园里驻扎，得以慢慢扩张规模。2019 年 8 月，协虎和广州东升农场签了代运营合作，开始搬到天河软件园，并正式招募了社会团队。后来，历经一番发展的公司人手为正式员工与兼职员工合计 15 名。

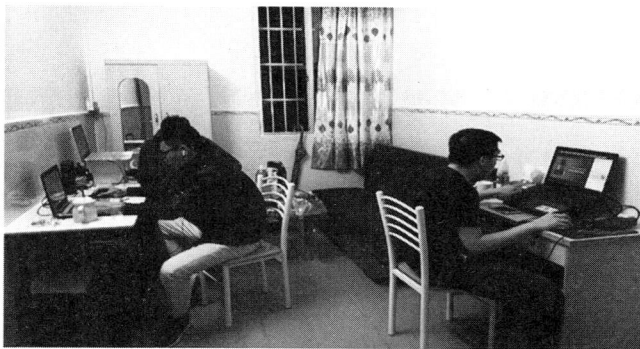

团队在岑村时的办公室

迎难而上，收获宝贵经验

一波三折，创业历程中总是不免会遇到困难。公司人员招募初始非常重视专业出身与工作内容的对口度，如编辑岗位一定要找中文系或历史系的学生，于是，选人的时候遇到了许多难以解决的问题。后来，他们相信"高手在民间"的定律，从而把标准放宽，实践中发现，经过一定标准要求筛选进入团队的人员基本上能胜任所需负责的工作。再到公司转型的时候，一开始总是觉得编辑人员就只能干编辑的活，技术类的活就得技术人员来干，导致耽误了不少时间。之后商议确定直接在内部转型，发现把部分编辑调去视频部门剪辑视频完成效果也不差。

在大学生创业者中，不乏执行力与任务完成情况都相对突出的人才，但其中也有做到一半就做不下去的，许炼对此感到非常惋惜，对大学生创业总结了以下观点：一是伙伴是否找对；二是是否清楚眼中的资源到底是不是资源，是否能开发好的客户或合作商；三是能否控制好成本和营收的比例。在创业初期能把以上三点控制好，基本就能做起来。事实上，大多数创业团队及其创始人是在负重前行。许炼认为，大学生对真正的商业还是认知不足，前期难免会遇到许多困难，也缺乏对项目可行性的思考，加上人脉资源短缺，现金不够周转，也缺乏对公司运转的认知，能否顺利应对短板会对创业成功与否产生巨大影响。

自主创业对于在校学生的意义，许炼认为可从正反两方面来看：好处在于能够提前感知社会，对离开校园的生活和工作有个基本的概念，遇到挫折也不至于抱怨；坏处在于多少会影响专业学习，由于精力稀释，所获得的课堂书本知识肯定比专攻学业的人少很多，所以具体得看个人怎么权衡。

谈及自身的收获，许炼表示创业让他获得了很多珍贵的人脉资源，在磨砺过程中积累了工作经验，当前已获得的部分资源是其他同学毕业后三年内都不会接触到的，而一些资源是普通大学生毕业后五年都很难接触到的。

团队在校外孵化基地工作

"协虎"发展趋稳，坚定未来方向

许炼团队现在所运营公司名为"广州协虎文化传媒科技有限公司"，该公司是和"广州赇诰孵化器有限公司"合作创办的。2020 年 3 月以来，新媒体行业的变化飞速，2020 年 8 月以来，公司已经陆续遭到三次大型冲击，不断被迫更换业务，但是主体还是保留了"WarOH 协虎"项目，即原来的"协虎战争史"，这是他们综合考虑了媒体环境后更改的名字。据了解，协虎文化传媒目前运营情况已基本步入正轨，实现了收支平衡，个别月份还能实现较好的盈利。

谈到公司和自己的未来时，许炼的目光显得很坚定。他说，自己在四年前入行的时候就跟同事、朋友们表过态："这个行业我至少会蹲十年。"现在是第五年了，未来五年内，许炼还会在这个行业内发展，希望能成为这一领域的 KOL（key opinion leader，即关键意见领袖），帮助更多人学会做新媒体运营。

"WarOH 协虎"自媒体主页

创业心得

对大学生来说，创业是一个能够提前感知社会的机会，让其对离开校园的生活和工作有个基本的概念，遇到挫折也不至于抱怨。但在这一过程中，大学生对真正的商业还是认知不足，前期难免会遇到许多困难，也缺乏对项目可行性的推敲。加上人脉资源短缺，现金不够周转，也缺乏对公司运转的认知，会产生不少影响。因此，找对合作伙伴、充分利用资源、把握成本与营收间的平衡是创业初期顺利发展的三个要点。事实上，大多数创业团队都是在负重前行。

专家点评 | 曾憨　慧科教育集团副总裁、中国教育创新校企联盟（产盟）秘书长

　　许炼基于对军事和历史的热爱，协虎传媒在以军事和历史为题材的新媒体领域中处于第二的位置。协虎传媒对军事和历史新媒体方向的选择也是基于兴趣，且这一方向非常好，原因在于：对战争和历史题材的爱好一般会非常持久，基本是终身性的；军事和历史题材的爱好者数量非常庞大；爱好者现阶段缺乏交流和互动的平台和载体。新媒体是典型的眼球经济，平台类型的创业非常不容易。相信随着协虎传媒内容的不断增加，深度不断加深，会聚集更多的爱好者；平台将会更开放、更包容。建议下一步加强线下载体（如真人 CS 等）的合作和互动，协虎传媒将成为军事和历史爱好者的心灵家园。

（文：许　炼　熊　强　图：许　炼）

袁霖：女硕士创业育金花　带农民脱贫致富

袁　霖

　　公司简介：袁霖，华南农业大学 2015 届风景园林硕士，广东省大学生创业人物，农村青年致富带头人，创办广州市玉田山茶生物科技有限公司。在研究生学习期间开始创业，运用所学在家乡创办山茶花苗圃，收集、繁育山茶科植物品种。创业以来，专注于山茶属植物的新品种研发、应用及市场推广，在广东、福建两省建立山茶花苗木基地 3 个，其中在广东省定贫困村——龙川县礼堂村与农户合作"扶贫车间"进行林下茶花种苗生产示范。所创立公司的主营产品与业务为国内外名贵茶花品种苗、盆栽、茶花大树、古树盆栽、金茶花等产品，以及茶花种养技术、繁育技术、茶花造景规划设计等服务。公司成立至 2019 年，采取"公司＋农户"模式，已在多地发展合作基地，累计合作种植面积 2780 亩，带动 287 户农户合作种植，促进 3000 多人就业，合作农户增收 3000 万元，帮扶 19 户贫困户顺利脱贫，得到相关领导及合作农户的充分肯定。

"林三代"的金花情缘

　　玉田山茶的故事，要从主人公——袁霖说起。作为项目创始人，袁霖对其母校——华南农业大学有一种特殊的情怀。她的外公是一名护林员，父亲是华农1986届林学校友，她本科及研究生均就读于华农林学院风景园林专业。有意思的是，袁霖的名字与其专业"园林"又是同音，她的老师和同学都笑称其生来就是干这行的"林三代"。

　　袁霖对山茶花的关注，最早可以追溯到2010年。正在读大三的她经常协助华农山茶植物专家黄永芳教授进行金花茶的科研实验工作，有幸获得了三株珍贵的金花茶种苗。出于对这种珍贵的金色茶花的喜爱，袁霖将这三棵种苗带回家乡——龙川，种在屋后花圃，让它们自由生长。她当时怎么都没想到，这三株小小的金花茶种苗竟开启了她创业的第一步。

山茶花

立志创业，打造"玉田山茶"品牌

　　2016年，玉田山茶项目创始人袁霖报名参加了广东"众创杯"大学生启航赛暨"赢在广州"第五届大学生创业大赛。同时，她参加了华南农业大学创业园创办的SYB创业培训班，结识了志同道合的另外四名研究生陈思宁、周彤彤、韦彩丽和刘永顺，5人"以花会友"组成了现在深受农民喜爱的玉田山茶团队，团队过关斩将，杀入决赛，并以总成绩第一站到了最高领奖台。首次尝到创新创业甜头的袁霖积极响应国家"精准扶贫""建设美丽乡村"和"发展立体农业"等政策的号召，发扬党员先锋模范作用，回龙川老家，将荒山荒地利用起来，带领当地的农民脱贫增收致富。

袁霖团队于"赢在广州"颁奖现场

偶得金花茶种苗，结缘玉田山茶

时读大三的袁霖经常协助华农山茶植物专家黄永芳教授进行金花茶的科研实验工作，有幸获得三株珍贵的金花茶种苗。金花茶是国家一级保护植物之一，属于山茶科山茶属，与茶、山茶、油茶、茶梅等为孪生姐妹，国外称之为神奇的东方魔茶，被誉为"茶族皇后"。待她研究生毕业时，她家的屋后花圃竟已收集了40余个茶花品种，其中包括国家一级保护植物金花茶8种，其他珍贵品种三十多种。就是这些丰富的山茶品种资源，成了玉田山茶团队进行茶花种苗繁育和新品种研发的种质资本基因库。玉田山茶团队从龙川县均厚村的十亩田地开始，脚踏实地地干起了山茶种苗苗圃。

袁霖接受广东卫视采访报道截图

发扬党员先锋模范作用，创新"扶贫车间"带农户致富

当时华南农业大学也在龙川开展对口扶贫工作，驻村的魏剑波书记找到袁霖，希望她能到华南农大的对口扶贫村——礼堂村用"扶贫车间"的模式带动贫困户种植山茶。但是，礼堂村的乡亲们根本不相信她这样一个刚毕业的大学生，没有人愿意加入该项目。所以，在魏书记的建议下，她与一户贫困户结对，教他技术，一起下田种花。那年春节，袁霖把她和贫困户邹叔种的茶花拉到了当地的新春花市。在花市上，这些茶花被一抢而空，这增加了袁霖对自己产品的信心，也增加了乡亲们对玉田山茶"扶贫车间"项目的信心。两年过去了，礼堂基地扩大到了280亩，带动农户60余户，其中贫困户16户，种植茶花50种3万余株。

袁霖指导农户种植现场

"扶贫车间"是"公司＋农户"运用到精准扶贫工作中的一种经营模式，公司主要负责品种开发和产品销售，将种养工作留给农户，统一产品规格、统一生产技术、统一回购标准，解决农户的技术及销路问题。玉田山茶团队将先进技术、创新模式带到农村，解决当地就业问题并有效促进了农村特色产业经济的发展，得到了当地政府相关领导的关注和鼓励。

礼堂村"扶贫车间"

从 2015 年租下了家乡 10 亩地用于繁育山茶种苗，到扩大规模租下 40 亩地作为种苗基地进行增产增收，玉田山茶团队一直是以"公司＋农户"的形式，与当地生产大队及农户合作。同时，该项目得到了当地政府的鼓励和支持，先后在龙川县李佘村、瑞厚村、炉田村及礼堂村建立了生产基地，建立"公司＋农户"的产业扶贫长效机制，持续帮助当地农户。到 2018 年，玉田山茶项目在龙川县当地已带动 200 多户农户，促进 3000 多人就业，其中帮扶 9 户贫困户顺利脱贫。

玉田山茶嫁接大棚内景

发挥技术优势，谋玉田山茶发展蓝图

玉田山茶积极与各种客户合作，在广州、深圳、漳州等大型花卉市场设点批发，保证出货量；客户端方面，玉田山茶在各大新媒体平台积极推广山茶文化，打开年轻消费者市场。为了把茶花种进每家每户的阳台，玉田山茶还专门针对花店客户，提供统一订货配货服务。以深圳为例，玉田山茶已经积累了一百多家花店的店长直接向公司采购玉田茶花。

玉田山茶开发的标准化盆栽产品

创业心得

袁霖觉得，对于未来的路，紧随时代步伐的玉田山茶将会立足市场，发挥技术优势，奋进新时代，开阔视野，按照"公司＋农户"的模式，继续建设基地，构建完善的产销网络，以河源龙川为种苗繁育基地、福建永福为茶花盆栽基地，培育自有品种，研发高新栽培技术，把茶花种得越来越好；也将深耕市场，完善销售渠道，把茶花卖得越来越好；同时继续实践"公司＋农户"模式，复制推广到周边省市，把更好的技术带到农村，带动更多农户脱贫致富，助推国家脱贫攻坚。

专家点评 | 曾璇　华南农业大学创新创业学院副院长

　　袁霖是广东省河源市龙川人，也是我校女研究生返乡创业的典型，她怀揣心中盛开的山茶花，在创业之路不曾止步。回顾她成长的过程，从钻研技术、培育产品、打开市场到精准扶贫，每一步都是踏踏实实地走过来的，把实现家乡发展作为己任；她结合专业知识，借助培训导师、学校支持和政策引导进行创业，孕育出帮助农民脱贫致富的好项目。如今，玉田山茶团队常被笑称为"五朵金花"，是一支洋溢青春活力的团队，也是精准扶贫精准脱贫路上一支精锐的"红色娘子军"。

（文：中国报道网《创新中国》　图：袁　霖）

张嘉琳：跳出"农门"又踏入"农门"

张嘉琳

个人简介：张嘉琳，中共党员，系华南农业大学经济管理学院 2020 届硕士研究生，现工作于广东省梅州市蕉岭县蕉城镇农业服务中心。曾获广东省南粤大学生语言艺术节一等奖、嘉应学院优秀学生干部荣誉，获华南农业大学优秀研究生共青团员称号、硕士研究生二等奖学金。她推广家乡特产金柚，现每年能够成功帮助农户出售金柚 5 万千克，解决农户的销售困难，增加农户收益。

因贫穷而积极努力

2014 年 9 月，刚上大学的张嘉琳带着爱心人士捐赠的助学金来到嘉应学院报到。本着脚踏实地、自我完善的务实态度，大一时张嘉琳主动担任班长，协助班主任、辅导员做好新生班级的管理工作，同时在学生处思教科做助理勤工俭学，在学校、学院老师的培养下，她凭借努力和不断追求的上进心，担任创业服务社培训部部长，圆满完成各项任务，先后获得嘉应学院优秀学生干部、嘉应学院创业服务社优秀干部、广东省南粤大学生语言艺术节一等奖等荣誉。她知道自己需要努力学习，同时也需要做些兼职来赚取生活费。她本科就读的是生物科学师范专业。作为一名师范生，她除了平时在校内勤工俭学，周末及寒暑假还会在教育机构做兼职老师。对张嘉琳而言，这样不仅可以解决生活困境，也可以积累教学经验。

因困境而认清方向

2015年的冬天，梅州遭遇寒流天气。对于城市居民来说那只是比较寒冷的一个冬天而已，然而对于梅州农民来说，却是一场灾难。梅州盛产柚子，秋冬收获的沙田柚需要贮存两个月的时间，遇到寒冷天气，沙田柚的糖化过程会受到不好的影响，不仅糖度不会提升，而且果肉也很容易反生。当时梅州的柚农都面临柚子无处可卖、无人收购的困境。家人问她，大学里是否可以拓展销路？

的确，从外地来嘉应学院就读的学生是有购买梅州当地特产的需求的。张嘉琳从这两者的需求中发现，自己其实可以做一个中间人，成为一个桥梁来连接两者，既可解决梅州沙田柚的销售困难，也可为同学们推荐品质优良的沙田柚。

金柚宣传照

为了做好宣传工作，她学习图文编辑，运营微信公众号、淘宝店铺，申请学校摊位进行宣传推广。此外，她针对产品的特点策划活动方案，将金柚与产地结合开展活动，她举办了"采松口金柚·赏千年古镇"的游玩活动，组织老师和学生到金柚果园进行采摘及就近景点旅游，负责设计活动路线、交通、午餐、时间安排，达到亮名片、增客源、促销量的效果。

之后，她也在推广、宣传梅州金柚的过程中，对梅州金柚更加了解，也更懂得欣赏养育她的这片土地的美丽。与此同时，张嘉琳受到刘慧娜老师的启发，在2016 年、2017 年分别申请了省级大学生创新创业项目训练计划"梅州市嘉果农业有限责任公司"及"梅州市松口镇老街建筑改造模式探讨"，并顺利结题。

在创业活动中她发现自己的想法发生了改变，不再是想做个教师去教书育人，她更想通过自己的力量帮助家乡农民，让他们不再有农业生产的后顾之忧，她也找到了自己的职业方向，希望进一步学习科学文化知识帮助家乡振兴。她在本科毕业后成功升学，到华南农业大学经济管理学院攻读农村发展硕士学位。

因乡情而服务基层

两年的研究生学习时间很短也很充实，张嘉琳跟随余秀江教授深入广州市海珠区城中村，和课题组成员一起完成"海珠区农村集体经济组织建设研究"项目；跟随陈风波副教授到湖南、湖北进行"劳动力迁移对农村农业的影响研究"调研活动；还参加了经济管理学院的大型课题"土地制度改革"项目，到韶关市进行农户土地确权调查。在这些课题活动的学习中，她感受到农民与土地的情感是割舍不断的，而城市化的快速发展又不断地撕扯两者的关系，土地的收益可能很难比得上城市工作的收入，而土地却可以给予农民稳稳的归属感；农村发展面临巨大的困难，土地的细碎化、农村劳动人口的流失、看天吃饭的作物等，无一不是农村振兴的阻碍。

她生于农村，长于农村，她努力学习，本来是想听从父母的建议做一名教师，离开农村、进入城市，这是他们预想的下一代的出路，而在硕士研究生毕业后她却回到了家乡，找了一份与专业相符的工作，到农业服务中心工作。

她因热爱家乡而归来，她因农村发展振兴需要而服务基层。她虽能跳出"农门"，但是感恩于这片土地的滋养，眷念这里的乡情，她又坚定地踏入"农门"，她将继续在这片土地上成长，为农村建设做出自己的贡献。

（文：华南农业大学经济管理学院　图：张嘉琳）

应征入伍

袁仁浩：投笔赴军营，从戎遂我志

袁仁浩

个人简介： 袁仁浩，男，汉族，出生于 1996 年 12 月，中共党员，华南农业大学林学与风景园林学院旅游管理专业 2014 级本科生。在校期间获得校级奖学金三次，校外助学金两次。学生工作经历丰富，曾任班长、专业负责人、助理班主任、学院团委副书记、校国旗护卫队队员等职。工作表现突出，获得华南农业大学"优秀学生干部""优秀团干部""优秀团员"以及华南农业大学第三届模范引领学干之星标兵等荣誉称号。于 2018 年 9 月入伍，现服役于中国人民解放军空军某场站警卫连。

投笔从戎，坚定报国之志

从小怀抱军旅梦，献身国防终无悔。从记事起我就对那身迷彩情有独钟。经历高考后，因为各种现实原因，我无缘军旅，但心中赤诚军旅情从未磨灭。大学学习期间我就时时关注部队的点滴，心中"盘算"着无论如何都要踏进部队的营门。像许多应届毕业生一样，临毕业时摆在我面前的选择有很多：考研、考公、工作等，但当我真正思考未来怎样的人生才是我想要的及如何能够实现自己的人生抱负时，学校征兵办发出了关于大学生征兵入伍的通知。同时了解到国家和军队为我们大学生士兵提供丰富的机会和平台，像保送提干、保留学籍、学费减免、经济援助、考公考研专项计划等政策，让我看到了在部队一展身手、建功立业的机会，我下定决心投笔从戎，到军营去淬火成钢，磨炼意志胆识。

热爱本职，争当优秀士兵

　　成为一名真正军人的路并非一帆风顺，严格的日常管理、严明的纪律条令、过硬的军事技能都让我重新开始体会"军人"二字的分量。作为一名应届大学毕业生的入伍士兵，连队的许多班长年龄比我小，学历也不高，但是他们的军龄比我长，经历比我多，能力比我强。因此，我从来都不觉得自己有多了不起，我收起了自己大学生、学生干部、党员等标签，踏踏实实从一名普通的新战士做起。与周围的新战士不一样的是，我对自己的要求更为严格，在训练上刻苦认真，反复练习，一遍不行就两遍，两遍不行就三遍，直到满意为止；体能上不过关，加时加量，经常性地自我检测。我时常与战友沟通和交流训练科目的经验，课余时间针对各自的体能弱项展开针对性练习。闲暇之余，我疯狂地学习，对周围的事都抱着一颗求知心，指导员让大家积极尝试写写新闻稿，我发挥自身优势，用心体会、字斟句酌，最后稿件成功在《空军报》上刊发。功夫不负有心人，所有的努力得到了回报，在前不久连队组织的新战士单放考核中，我以全部合格的成绩成功通过考核，还登上了连队的训练龙虎榜，并担任所在班的副班长。

袁仁浩在军事技能训练中

永葆初心，传承连队精神

　　回望这半年的军旅生涯，是我人生中难得的一段最拼搏、最充实的时光。我所在的连队——警卫连，是一个连续二十四年荣获基层建设先进单位的连队，是一个永远扛红旗、争第一的光荣集体。在那里，我深切地体会到了"一定有苦不堪言，一定要苦中作乐，一定会苦尽甘来"的连训。从一名懵懂的地方大学生转变为一名合格的革命军人要经历很多，队列动作不整齐一遍接一遍地练；警卫拳、刺杀操动作不标准，那便一遍又一遍地打；武装三公里不合格，那便一遍又一遍地跑；内务卫生不合格，那便一遍又一遍地扫；战术训练不合格，那便一遍又一遍地爬。这是剔除自身缺点的过程，的确是"苦不堪言"。每次训练有伤病，班长第一个拿着药品围上来细心处理；每一次向老兵请教训练科目的疑难问题，总能得到耐心细致的回复；每一次向连队主官提出生活上的困难，总能得到组织的帮助；节假日里连队总是组织烧烤聚餐、篮球比赛、轮滑竞技等各式各样的娱乐活动。在这里，我们彼此相互关心、互相帮助，同吃苦共娱乐，让我真正地体会到了"苦中作乐"的喜悦。经过自我的严格要求和刻苦努力的训练，所有的付出终将得到回报。在这半年时间里，我相继获得了优秀训练标兵、连队月优秀基层义务兵，担任了副班长职务，以优异成绩展示了一名新时代大学生士兵、中共党员应有的精神风貌，也让我坚信历经磨炼的我终究会"苦尽甘来"。

袁仁浩的军旅生活

我的军旅生涯才刚刚开始，更多的磨炼和挑战还会接踵而来。我定不忘初心，牢记使命，立足岗位，以踏实的作风、高昂的斗志完成工作中的每一项任务，向优秀靠拢，向先进看齐，争做一名有灵魂、有本事、有血性、有品德的新时代革命军人，为强军兴军、伟大复兴的中国梦、强军梦不懈奋斗，奋勇前进！

（图文：袁仁浩）

陈嘉莹：当兵，最刺激的决定

陈嘉莹

个人简介：陈嘉莹，华南农业大学人文与法学学院 2013 级法学专业毕业生，本科期间参军入伍，成为一名光荣的武警战士。曾参加武警总部第一届微电影创作大赛，担任参赛作品《歌舞飞扬》女主角，并获得武警总部三等奖。已通过法律职业资格考试（客观题 224 分，主观题 117 分，总分 341 分）。在探索人生意义的道路上，她从未停止脚步，支撑她的信念是：能打仗，打胜仗！

2013 年 9 月，陈嘉莹来到华南农业大学攻读法学专业。她在保证学习时间的基础上，积极参加学生社团，包括校公共关系协会、院文娱部、歌队、舞队等各个协会，她像陀螺一样旋转，每天忙得不亦乐乎。大一结束后的暑假，陈嘉莹陷入了关于人生的思考："应该做个什么样的人？"巴金对此曾回答说，做一个战士。那战士是怎么样的？"实践出真知！"基于这样的信念，从小怀揣着当兵梦想的陈嘉莹决定挑战尝试一个全新的领域——参军入伍！当说出这个大胆的想法时，身边的朋友都在劝她，担心她吃不了苦，同时也有很多质疑声。但梦想的火种怎么会轻易熄灭？她向父母求助，得到了父母的支持，他们甚至认为女儿很有勇气，这坚定了陈嘉莹的信念。

办理各项当兵手续和体检后，9月17日凌晨4点，部队派来接新兵的车在武装部等候。陈嘉莹不敢惊动家中熟睡的爷爷奶奶，在父母的陪同下便悄悄出发了。随行的背包里除了一些日用品外，还有几本厚厚的法学专业书。对于即将到来的两年部队生活，她的心里很平静，甚至十分憧憬。

一路上，母亲的眼泪在眼眶打转，陈嘉莹反过来用轻松的语气安慰母亲："当兵就是要吃苦的嘛。"部队的车越开越远，她不敢回头多看母亲一眼。那天，母亲目送着女儿离去的背影，在路灯下倚靠着父亲的肩膀哭了很久很久。

什么是战士

人生最美是军旅，军旅最美是新兵连。新兵连三个月是过渡期，从普通大学生向士兵身份转变，需要理解什么是一个兵，需要学会怎么当一个兵。军人以服从命令为天职，部队里不讲条件、不搞特殊、不讲个人主义。一次部队休息活动时间，她向班长申请看书。班长虽然不说话，但仍向队长打报告替她找来了一本书。事后，陈嘉莹遭到了班长的严厉批评。班长问她："你知道这样很为难吗？部队里大家都一样。现在这里条件有限，无法满足大家都能看书。作为一个兵，提要求之前先想想你的战友，不要只想到自己。"直到一年后的陈嘉莹也成为别人的班长时，她才真正理解当初班长的训诫："这就是真正军人应该有的模样。"

在部队里，陈嘉莹总是最主动的那一个，主动包下了身边的活，打点好事务。以至于她出外勤时，战友们都会念叨："要是嘉莹在就好了。"由于在部队的表现比较突出，陈嘉莹曾担任文书、班长和代理排长的职务，并代表支队参加武警总部第一届微电影创作大赛，担任参赛作品《歌舞飞扬》的女主角，获得了武警总部三等奖。

和战友同甘共苦的日子是她最纯粹的时光，这包括训练场上挥洒的汗水和哨位上孤独的坚守。陈嘉莹逐渐明白，战士不一定要持枪上战场，他的武器也不一定是子弹，他的武器可以是坚强的意志、高效的执行力、忠诚的敬业心。训练场和哨位就是战场，要做人民的子弟兵，就要能够接受默默无闻，坚守一线，背对繁华，直面孤单。陈嘉莹永远记得新兵连排长说过的一句话："吃过了最苦的，尝什么都是甜的。"她相信，经过部队的历练，她将能够更从容乐观地面对人生中的困难。

北大，最倔强的梦

服役两年后，陈嘉莹回到了校园。与自己同时入学的同学们已经准备找工作了，而她需要重拾学业，紧接着学习大二的课程。经过调整，陈嘉莹渐渐把握了学习和娱乐的平衡点，找到生活的节奏，形成良好的生活习惯。在一次演讲分享中，陈嘉莹给同学们分享了自己的部队经历，给同学们带来了一定的启发，她就像一个小太阳，浑身充满正能量。

经过大二一年紧张的学习后，陈嘉莹了解到自己一个部队的班长提前毕业考上了清华大学法学院的国际经济法学硕士，这给她带来了启发和鼓舞，她认为："她可以，那我也可以！"于是，经过思考，她决定申请提前毕业和考研，这意味着她要提前修读所有课程，并且兼顾好上课、期末考试、考研复习、写毕业论文四重压力，任何一个环节都不许出错。部队培养了陈嘉莹更加雷厉风行的风格，从制订计划到高效执行，整个过程一气呵成。终于，她如愿完成本科学业，同时考上北大，实现了梦想。

（文：华南农业大学人文与法学院　图：陈嘉莹）

255

赖小妹：只争朝夕 不负韶华

赖小妹

个人简介：赖小妹，女，出生于 1993 年 7 月 17 日，中共党员。2014 年 9 月入伍，2016 年 10 月退伍。曾在 68304 部队服役，是一名有线兵。2015 年被选派担任集团军女兵新训骨干带训新兵。部队个人表现突出，荣获所在集团军"优秀义务兵"称号。曾担任 2015 级行政管理 2 班班长一职，行政管理系第一党支部宣传委员，社会学类党支部宣传委员兼组织委员。大三一年全年平均绩点 3.88，班级排名第 4，获得校三等奖学金；大四上学期绩点 4.33，获得校二等奖学金。2019 年作为退役大学生代表在广州市暨天河区大学生征兵工作启动仪式上发言。毕业后进入广州发展集团下属企业广州发展能源物流集团有限公司工作，2020 年 1 月至 2021 年 1 月派驻清远市连州市西江镇西江村开展扶贫工作，是广州发展集团历年来唯一一名女扶贫驻村干部。

中华儿女多奇志，不爱红装爱武装

国无防则不立，民无兵则不安。赖小妹从小就怀揣一个"参军梦"，2014 年的盛夏，正值刚结束大一新生生活的暑假，她郑重告诉家人，自己要报名参军。在家人的理解和支持下，赖小妹报了名，并通过层层遴选，终于如愿参军入伍报效祖国。吃得苦中苦，方为人上人。在部队的日子是酸的，酸在班长背号码比你背得好,酸在一排收放线收得比你快,酸在男兵呼号比你高。在部队的日子是甜的,甜在班长偶尔奖励的雪糕,甜在掌握了一项新训练技巧,甜在连长夸奖训练好。在部队的日子是苦的,苦在日夜单调枯燥的重复训练,苦在受伤委屈只能往肚子咽,苦在对家乡亲人的日夜思念。在部队的日子是辣的,辣在每周六全天的考核,辣在来自40度骄阳下趴着的地面,辣在犯错时来自班长的教训。部队的生活是咸的,咸在躲在被窝里流下的泪水,咸在后背每日风干成盐的汗渍,咸在难以突破的训练瓶颈。部队是一个大熔炉,它的酸甜苦辣咸铸就了赖小妹铮铮铁骨的体魄,早睡早起的习惯,无所畏惧的精神。同时,部队这所学校,使赖小妹获得了利索干练的言行举止、雷厉风行的做事风格、廉洁自律的思想作风等"无价之宝"。

国无防则不立,民无兵则不安。更重要的是部队教会她的,是卫国戍边英雄团长祈发宝用身体守卫祖国的一身爱国担当,是用生命担当使命的新时代英雄杜富国那一声"你退后,让我来"背后的责任担当。

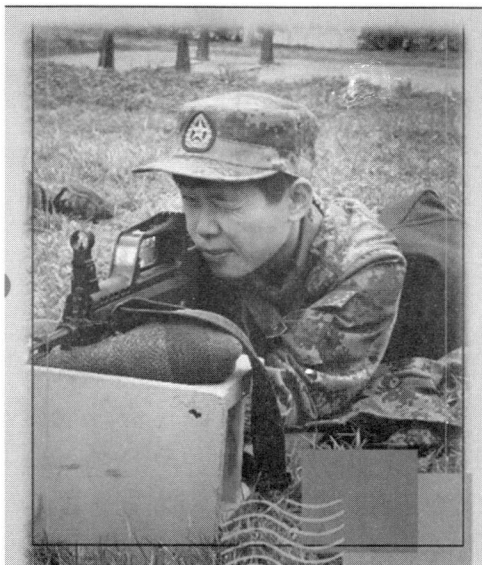

赖小妹在部队进行训练

宝剑锋从磨砺出,梅花香自苦寒来

退役复学。经过两年多的学业搁置,加之退役复学时间已到十月中下旬,跟其他同学比起来,赖小妹在学业上显得尤为吃力。但她没有低头,发扬部队的"不服输"精神，迎难而上，砥砺前行，更加珍惜学习机会，不仅担任了班长和党支部委员，学习成绩更是稳定上升。大三一年全年平均绩点 3.88，班级排名第 4，获得校三等奖学金；大四上学期绩点 4.33，获得校二等奖学金。戎马三秋暖，抵御一世寒。2019 年，她代表广州市退役大学生在广州市暨天河区大学生征兵工作启动仪式上发言，动员广大学子投身军营，报效祖国。2019 年上半年，她参加了天河区 2019 年"国防教育暨征兵宣传进校园"活动，以切身经历和体会教育引领广大青年学生牢固树立忧患意识和责任意识，进一步弘扬爱国主义精神。

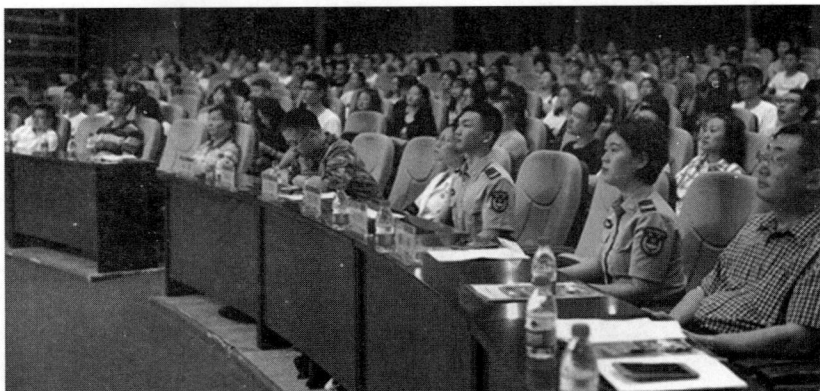

赖小妹（前排右二）在华南农业大学 2019 年国防教育暨征兵动员大会现场

先天下之忧而忧，后天下之乐而乐

心系广大群众百姓，以实际行动践行初心使命。回归社会，她依然秉持军人"不怕苦、不怕累"精神，带着"退伍不褪色"的作风走向工作岗位，继续为人民服务。

巾帼不让须眉，主动请缨加入扶贫队列。2019 年，赖小妹毕业后即投入工作。2019 年年末，得知公司在招募扶贫干部时，参加工作半年的赖小妹主动请缨，希望能到基层去贡献自己的一份绵薄之力。在公司党组织的大力支持下，赖小妹如愿以偿。赖小妹驻村期间，发挥退伍军人"不怕苦、能战斗"的拼搏精神，克服困难、全心全力投入扶贫工作。一是不怕苦，不怕累，不低头，不气馁，克服困难，坚持到底。在西江村开展扶贫工作时，她被蛇追过，被狗赶过，脚扭伤过，却从没有妥协过。作为一名年轻女同志，她克服水土不服等影响，不怕脏，不怕累，入村后挽起袖子深入田间地头，很快与村民打成一片，干在一起，一点不比男同志逊色。二是大力推进产业发展，积极助力消费扶贫。产业兴旺是乡村振兴的基础和保障。2020 年，扶贫帮扶项目西江产业园种植了无花果等作物超 1.5 万株，养殖走地鸡 700 余只。赖小妹积极宣传农产品，通过与公司沟通协调，促进各单位消费扶贫力度。截至 2020 年年底，西江产业园农产品收入约 70 万元。三是凝聚共识力量，稳步推进新农村建设。急民之所急，忧民之所忧，扎实推进新农村建设。2020 年，赖小妹协助队长帮助西江村推进实施机耕路建设、村巷道光亮工程、家居环境整治、三个"微小型项目"建设和"三清三拆三整治"工作，解决民生问题，积极参与志愿活动，为建设美丽乡村贡献力量。四是加强关心关爱，做贫困户的贴心人。赖小妹经常深入一线摸情况，千方百计解难题。她探访贫困户聊家常，到田间地头干农活，指导家禽养殖，主动寻求客户资源，帮助售卖农产品，助力群众增收，做帮扶户的贴心人，得到村民和镇村干部的一致好评。

赖小妹和西江村脱贫户亲切交谈

一路走来，赖小妹无不时刻心怀感激，感谢党和祖国培育了自己。在学校里，她是莘莘学子中最普通的一员；在部队里，她是万千战士里最平凡的一个；在社会上，她更是千万奋斗者中最不起眼的一人。一个时代有一个时代人的使命与责任。当代大学生肩负起了为实现中华民族伟大复兴的历史使命和社会责任。只有博学善思，修身笃行，才能不负祖国对我们殷切的厚望。不忘初心，砥砺前行。踏踏实实把脚下的路走好，就是最好的前进。只争朝夕，不负韶华。兢兢业业把分内工作做好，就是最大的成功。要提高本领，勇于担当，为全面建设社会主义现代化国家贡献自己的一份力量。

（图文：赖小妹）